U0147629

紀錄片《第三極》姊妹篇

極 地

二十二個平凡而溫暖的西藏故事

五星傳奇、趙啟　編著

序言一

我是一個導演。

導演負責把故事講好，不矯揉造作，不敷衍花時間花錢來捧你場的觀眾，儘自己全力沒有保留。我覺得我做到了，雖有遺憾，但問心無愧，沒放水。

影片拍完了，播出了，大家也都看到。

希望每一個人都像故事主角一樣：謙卑、知足、快樂。

希望西藏永遠都保持它的聖潔、美麗。因為它是永恆，我們都是過客。

希望釋迦牟尼一直眷顧這片虔誠又單純的土地。

希望自己來世無論是蟲子、鳥兒、人，都還記得曾經有一個地方叫西藏，還能不遠萬里去找它。

導演　程工

序言二

　　西藏最迷人的地方，是生活在那裡的人們看待生活和外界的方式。怎麼看待山、看待樹、看待對方。這一切恰巧我們身邊都有。

　　這就是「極地」的意思。我們用二十多個故事，去講人與「對方」的關係，充滿溫暖的、開闊的，因此也是幽默的關係。在這裡面，「對方」是一雙鞋、一座山、一匹馬、一塊石頭、一袋鹽、一幅唐卡、一個人。

　　所以放眼望去，離你最遠的地方，是極地，離你最近的地方，也是極地。

　　以前經常擔心，我們的生活是不是已經丟掉了那些美好的智慧、淳樸的傳統，是不是走得太快了，需要停一停，看一看。現在又覺得，快有快的風景，慢有慢的樂趣，別被快慢困住，就挺好。

　　如果從西藏出發，我們已經身處遠方。

　　是為《極地》。

策劃　曾海若

堅 守

心 願

信念

｜ 在平措心中，畫壁畫是一生的修行，畫壁畫的人是幸福的人。

寺院壁畫師平措扎西

　　亞東是西藏最南端的縣，而亞東的噶舉寺，是西藏最南端的一座古
剎。二〇一一年九月十八日的一場地震幾乎震毀了整座寺院，歷時五年
的重建後，日喀則壁畫師平措扎西帶著他的十二位徒弟來到這裡，為重
建後的寺院繪製壁畫。

　　十二歲開始學習唐卡繪畫的平措扎西，是勉唐藏畫畫派大師嘎青・
阿頓最出色的徒弟。學成後的平措原本可以像其他畫師一樣專事唐卡繪
製，這樣可以賺到更多的錢，但他卻把為寺廟繪製壁畫作為自己畢生的
事業。對於平措來說，能為寺院繪製壁畫是無上的榮耀和修行。

　　白天，平措和徒弟要在寺院的牆壁上一筆一筆仔細地繪製壁畫，晚上，平措還要召集大家一起背誦經文，並對白日裡徒弟們在繪畫過程中出現的失誤、遇到的問題進行指正和訓導。

　　平措經常告誡徒弟：「我們為寺院畫壁畫，每天都是相同的，但每一筆都很重要。平時早晚必須背誦造像度量經，要把經文刻在心裡，經文已經清晰地告訴我們，每一個細節的比例和繪畫方法。這都是佛用自己的手指作比例量出來的，不能有一點差錯。畫壁畫是一種修行，所以大家要用心。」

　　除此之外，平時的休息間隙，徒弟們還需要勤加練習。佛的衣帶怎麼畫，鬍鬚的粗細有什麼規矩，這些都要按照經文一絲不苟地畫出來。徒弟貢嘎拿著自己的繪畫練習請平措指點。雖然，已經學習了五年的繪畫，但貢嘎的作品依然存在一些問題，平措一點點細心地指正，並且親自示範。

　　平措一直認為能畫佛是一種福氣，佛是被所有人磕頭供奉的，是有生命的。「我們的壁畫傳承了千百年，在寺院的牆壁上或者唐卡上，所有細節必須嚴守儀軌。如果我們的畫出現偏差就會誤導他人，就會一直錯下去，這是特別深重的罪孽。」平措雖然已經不是第一次跟弟子談論一個壁畫師工作的意義和守則，但他認為這是非常重要的，畫壁畫就是一種修行，認真仔細是修行的前提。就像蓋房子一樣，要有堅固的地基，一塊磚一塊磚地積累，雖然細小但很重要，一定要認真完成每個細節。

　　寺院朝北的一整面牆上需要繪製阿底峽尊者和八十位大聖的壁畫，平措讓弟子準備好繪前工作。

　　「把梯子輕輕地搬過來，顏料和工具都提前準備好。在佛堂裡做事要

｜ 對平措來説，能為寺院繪製壁畫是無上的榮耀和修行

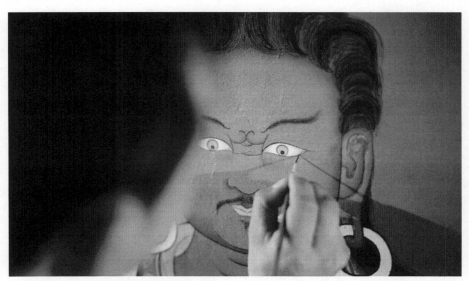

｜ 為寺院畫壁畫，每一筆都很重要

輕一點。心裡要默念儀軌，最主要的是整個畫面的布局和比例。」在牆上定好每尊佛像的位置後，平措開始勾勒中間的阿底峽尊者，並時不時指導身邊弟子：「從牆的頂點開始量，與我這個點相隔八寸，用四指量，先定臉和脖子的比例，頭部同樣是八寸。好好想想經書裡所寫的。」平措低聲地指揮著大家。

對弟子貢嘎繪製的小佛像輪廓，平措很不滿意，親自過來重新劃定佛像五官的分布，讓貢嘎重新再畫。平措的要求是要把儀軌熟記於心，每一個細節再小都不能隨意。

貢嘎不時地偷看老師的動作，看著老師熟練的筆畫、精緻的畫面，羨慕不已。對於完成阿底峽尊者旁邊小尺寸的佛像，貢嘎下筆依然有些遲疑。「認真畫，不要東張西望。」平措嚴肅地提醒道。在平措看來，工作時專心致志是畫好壁畫的前提條件之一。

就這樣，不斷地擦掉、測量、重繪，再擦掉、測量、重繪，一天過去了。看著老師早已完成的阿底峽尊者，貢嘎內心挫敗不已。自己的小佛像怎麼畫都不對。貢嘎問老師：「老師，我學了五年但還是畫不好，心裡特別著急，怎樣才能有一點進步？」

平措微笑著告訴貢嘎，彷彿也在和自己說話，學畫是一個漫長的過程，過去的五年僅僅是一個開始。我的師父畫了整整七十年，他現在還在畫，而且每天都還在學習。從在木板上畫到在牆壁上畫，再到開眼、鋪金，整個過程都要經過反覆練習。沒有捷徑可走，每一筆都是修行；每一次開眼都是誕生；每一次鋪金都是光照。

這天，站在一面即將完成的壁畫面前，貢嘎看著面前的佛像，有些陌生，便問老師這尊佛像的尊名。「他是白傘金剛，他能讓我們盡量避免

| 佛的衣帶怎麼畫，鬍鬚的粗細有什麼規矩，這些都要按照經文一絲不苟地畫出來

| 平措的小徒弟貢嘎

│ 畫壁畫是一種修行

生活中的災難，也讓我們面對災難時更有力量。」平措想起了三年前跟他學習壁畫的學生。地震時，有三名學生就在這面牆前工作，地震時被壓在這面牆下。三名學生的去世讓平措一直無法平撫內心的痛苦，他覺得他們還跟他在一起繪畫，他還在教他們如何畫畫，他們還在一起唸經。五年了，一切還是歷歷在目。平措在這面牆上繪製了一個白傘金剛，緩緩低語：「貼金是最好的加持，讓信奉的人們更有力量。」

平措把最後一片金箔貼到白傘金剛的臉上，仔細地鋪平。凝望著佛像，平措眼睛漸漸地濕潤了。

平措和徒弟們夜以繼日，努力認真地工作，薩嘎達瓦節到來之前，他們終於完成了所有壁畫的繪製工作。雖然，他們沒有收取任何報酬，但平措覺得，能把最美的佛讓更多的人看到，就是作為壁畫師最大的幸福。

喇嘛們向所有畫師獻上了哈達，表達了他們衷心的感謝。

回到日喀則後，平措帶著這次的壁畫作品去見老師。每次把畫好的壁畫拍成照片打印出來，去接受老師的指點，是平措多年來保持的習慣。老師仔細地看過每一幅作品，對一些壁畫細節上的錯誤都一一指正。他告訴平措，一個好的壁畫師，除了牢記儀軌，學習藏民族的歷史知識、瞭解傳統也同樣重要，否則就不可能把佛像畫好。

在平措心裡，自己所做的事情枯燥漫長而偉大。「我的老師一直告誡我，畫壁畫是一生的修行，不能三心二意。修行是沒有人告訴你結果是什麼樣子的，因為你心中有佛，可以看到光，就這麼一直走下去，你會不斷地跟自己說：『我是一個幸福的人。』」

| 噶舉寺

｜ 西藏壁畫 ｜

　　源於洞穴壁畫的西藏壁畫幾乎分布於藏區的所有建築上，尤其是寺院殿堂的牆壁和走廊、天花板，體裁分為宗教畫和世俗畫兩類。佛像的繪製需要遵循十分嚴格的佛法定規，歷史和宗教故事則由連環畫式的系列畫面組成，也有反映征戰、勞役和寺廟修建場內容的壁畫。壁畫採用的顏料與唐卡類似，在不透明的礦物質顏料中加入動物膠和牛膽汁，從而使畫面色彩鮮豔，經久不褪。

　　西元十四世紀前後，藏地迎來了藏傳佛教寺廟的興建和擴建，與此同時，壁畫也被大規模地繪製。深受漢地和尼泊爾畫影響的西藏壁畫流派開始形成，門唐派、青孜派和噶赤派為西藏壁畫的三大畫派。門唐派畫風嚴謹、色彩和諧，以繪製靜相神佛見長，日喀則扎什倫布寺裡就保存了大量門唐派創始人門拉頓珠的畫作。青孜派由和門拉頓珠授業於同一位老師的青孜欽波開創。他的畫作筆畫遒勁，色彩濃烈，擅長於猙獰威猛的本尊護法。山南薩迦教派貢噶多占丹寺的壁畫就是這一風格的代表作。噶赤派創始人是南噶扎西，他在熟練掌握唐派技法的同時，吸取了中原山水畫派的特點，筆觸細膩、畫風清秀。昌都的類烏齊寺和強巴林寺壁畫是這一畫派的代表作。

｜ 大陌龍爺爺是老夏尼村最後的留守人

老夏尼村的留守人

　　喜馬拉雅山脈以東、橫斷山脈以西的林區裡，生活著一支人數極少的族群，他們沒有文字、沒有信仰，住木屋，刀耕火種。他們就是被當地人稱作野人，甚至是猴子，至今仍然沒有進入中國民族大家庭中的僜人。

　　現在，僜人聚居的夏尼村都搬到山下去了，住進了統一修建的安居房，告別了沒有電的日子。但是，依然有一些老人不願離開山林，不願離開早已習慣的生活環境。八十歲的大陌龍爺爺和妻子中央就仍然住在山上的老夏尼村。

　　胡胡龍帶著妻子和孩子回到老屋，希望能說服爺爺、奶奶搬到山下

和他們同住。「下面有電，大家住在一起也有照應。我不希望像上次奶奶生病，很多天以後我們才知道。」爺爺已經八十多歲了，雖然還能上山砍柴，但胡胡龍覺得一家人應該住在一起。「離開這裡，你想都不要想。房子是你爸爸修的，我不會離開的。住在這裡，一直覺得他還在，他一定會回來的。」

幾年前，胡胡龍的父親發生一場意外，就是因為山高路遠，得不到及時的搶救命喪深山，胡胡龍不希望這樣的事情再次發生。但是爺爺告訴他：「你爸爸除了修房子，還修了倉庫，這房子就像我的兒子。」

爺爺抽著自己種的菸草，菸袋也是他用竹節做的，而且他也不覺得住在山裡有什麼不方便。

房頂上的木板有的已經腐爛了，雨天有些漏雨。胡胡龍不能說服爺爺搬到山下，所以，他想幫著爺爺把漏雨的地方修好。選了一個晴天，胡胡龍和哥哥跟著爺爺一起上山去砍樹。山路崎嶇，胡胡龍有些心疼爺爺，這麼大年紀了，每次修房子的木料都是爺爺自己砍好搬下去的。一路上，他依然試圖說服爺爺搬到山下：「搬到新房子就不用砍木頭修房子了。」

「胡說！」爺爺毫不留情地制止了他。

爺爺選好了一棵樹，用刀砍伐著，伐木聲響徹山谷。胡胡龍希望能幫到爺爺，他接過爺爺手中的斧頭。「不要太快，每一下都要用力。不要像個女人，女人是沒有力氣幹這樣的活的。」在爺爺眼裡，住到山下的孫子不僅很少穿傈人服裝，連力氣也變小了。

伐下來的樹要分解成兩臂長的木頭，用這些木頭替換屋頂上腐壞的那幾根。但分解木頭的工作，爺爺還是親自上陣，不放心讓胡胡龍做，他的確也做不了。

祖孫仁把新砍的木材扛回家，爺爺爬上屋頂，用新的木塊換下了那

| 妻子中央和大陌龍一直留守在老屋，因為房子是已去世的兒子為自己修建的

│ 插秧節的泥巴大戰

些腐壞的，這樣雨季來臨時屋子就不會漏雨了。新換上去的木料在暗色的屋頂上顯得尤其醒目，就像山下政府建的安居房，一片漂亮的藍色屋頂在綠樹掩映中靜謐而又安詳。

現在的僜人已經告別了刀耕火種，他們也學會了山下民族插秧播種的技術。每到插秧節，年輕人都會穿上僜人的服裝唱著僜人的民歌。插秧開始後，灌水、翻地，年輕人排成一排將秧苗一個個插進水田。每一根秧苗都帶著豐收的希望。休息的時候，胡胡龍看著旁邊的夥伴，從水裡抓起一把泥便砸到了他的身上，那個人隨即也抓起一把泥扔了回去，卻砸到了另一個人身上，於是一場泥巴大戰開始了。

秧田裡一片歡聲笑語，每個人臉上都是燦爛的幸福笑容。每到這時候，大陌龍爺爺也會下山來，蹲在秧田邊，抽著旱煙，看年輕人在田間地頭勞作、嬉戲，就像看到了年輕時的自己。

說服不了爺爺搬離老屋，胡胡龍沒有辦法，只能給老屋運來了一臺發電機，希望在每個夜晚，爺爺奶奶也能用上電燈，不用再摸黑了。

電燈終於照亮了夜晚的木屋。守著火塘的奶奶說：「如果兒子也能看到電燈就好了。」

抽著旱煙的爺爺說：「這燈就是兒子托孫子給我們裝上的。」

黑夜來臨的山林裡，木屋裡透出了溫暖的橘色的燈光。

| 插秧節時，大陌龍爺爺會下山來，蹲在秧田邊，抽著旱煙，看著年輕人勞作、嬉戲

| 僜人 |

在西藏察隅縣海拔一千米的林區居住著僅有一千五百人（二〇一二年人口統計數據）的僜人，這是西藏人口最少的少數民族族群，由於人口極少等原因至今尚未確定民族歸屬，僜人與周邊的少數民族在生活習俗、語言等方面都有明顯的不同。

僜人體格多矮小、皮膚黝黑；有自己的語言，但沒有文字；婚姻關係實行一夫多妻制；沿襲原始鬼神信仰和祭祀活動；銀飾和手織布的筒裙是僜人婦女的著裝，長耳環、護額、頸飾均為銀製工藝品，而男性也以銀耳環為主要配飾，當然還有配刀。

手抓飯是僜人招待客人的特色餐飲，食材都選自當地的新鮮時蔬，外加煮熟舂爛的家禽肉，餐具也取材於當地，十分有特色。

｜ 八十一歲的赤來倫珠老人正在準備人生的第五次桑央節

桑央節最後的舞者

　　赤來倫珠老人已經參加過四次桑央節，一直都是儀式上諧欽的領舞，他曾經是桑央節上最受矚目的騎手、英雄。如今像他這樣經歷過最傳統桑央節的老人，大多已經過世，在世的也都進入垂暮之年。

　　山南之於西藏如同黃河長江之於中國，這裡誕生了神猴與羅剎女的傳說。不僅如此，這裡擁有西藏的第一塊農田、第一代贊普聶赤、第一座宮殿雍布拉康、第一座寺院桑耶寺、第一座佛堂昌珠寺、第一本經書邦貢恰加、第一部藏戲巴嘎布。所以，山南有著「西藏民族文化搖籃」的美譽，而山南的扎囊縣每逢藏曆新年都要舉行盛大的祈福儀式。

　　藏曆木猴年又至，藏族人認為羊年多天災，因此在羊年之後的猴年要舉行一次桑央節，以期望通過祭祀活動來消災減難。這時正值大地回春、花紅柳綠。扎囊縣的扎唐村有一支村民自發組成的舞蹈隊，為了能在今年的桑央節上有個好的表現，他們正在努力練習。舞蹈隊的扎西曾經跟隨村裡的老人赤來倫珠學習過舞蹈。

　　桑央節就快到了，村裡的舞蹈隊水平參差不齊，為此扎西很著急，專門去赤來倫珠老人家，希望能得到更多的指導，讓舞蹈隊表現得更好，更好地恢復和發揚桑央節的傳統。聽了扎西的焦慮，赤來倫珠感嘆：「以前的桑央節有特別豐富的內容，後來慢慢地變成一過年就去朗瑪廳（歌舞廳），節日的傳統也消失了。現在老的和小的都互相聽不懂對方在說什麼，我也老得快走不動了，早上吃羊肉，吃著吃著就犯困。但是，我不希望傳統在我們這一輩手上丟了，我死了什麼也帶不走，特別想把我知道的教給你們年輕人。以前的歌詞都特別美好，都是講佛祖的故事，現在的歌詞跟說白話一樣，只有懂得歷史和傳統才能寫出可以流傳的歌曲。桑央節的文化非常豐厚，主要是為了祈求來年風調雨順，祈求豐收，不要讓這個村子失去神的護佑。我希望你們比以前做得更隆重。」

　　為了桑央節上的舞蹈，赤來倫珠老人決定親自上陣，教年輕人在桑央節上要跳的舞蹈。「時代不同了，節奏也要加快，這樣跳起來也更漂亮，我們是為豐收而舞蹈，所以要用心，不只是做做樣子。」村裡的男女年輕排成兩排，跟著赤來倫珠學習跳舞，老人的一招一式都很穩健而又有力量。

　　「在一個吉祥的山谷上，

| 山南的扎囊縣物產豐富，人們世代過著農耕生活

要搭建一座金塔，

有福氣的人來供金。

多吉的鈴鐺，丁零丁零響，

松傑的鈴鐺，丁零丁零響，

吉祥七門好看嗎？好看！

吉祥的舞好看嗎？好看！

鍋莊舞好看嗎？好看！

吉祥天女來保佑，吉祥天女來保佑！」

赤來倫珠帶著年輕人又唱又跳，年輕人都由衷地稱讚這位年邁舞者帥氣的舞姿。

即將到來的桑央節，村裡年輕人組成的舞蹈隊，為節日準備的舞蹈勾起了赤來倫珠老人的萬千心緒，想起曾經和夥伴們朝氣蓬勃地參加桑央節的情景，老人感慨萬分。赤來倫珠決定穿戴整齊出門，去找一位老夥伴——七十八歲的次旦老人，當年他們一起在桑央節上做騎士，一起跳舞、唱歌，赤來倫珠希望這位同齡的老夥伴跟他一起參加這一年的桑央節，給年輕人多一些學習的機會。因為，對他們而言，這可能真的是最後一屆桑央節了。

兩人走在村子邊的沙地上回憶往事。「這一開發，沙子是越來越多，永遠也變不成耕地了。哎！不過現在的人都不愛種田了。」

老夥伴走路已經有些蹣跚，聽了赤來倫珠的提議感嘆道，「一個桑央節又一個桑央節，日子過得真快。上一個桑央節，我還能跑，還能撐起漂亮的衣服，不過，現在過節沒有那麼多講究，只剩下在房子裡喝酒了。」

聽了老夥伴的感慨，赤來倫珠鼓勵地說：「你再不去跳舞，以後更沒

| 山南風景如畫

有人會跳，傳統如果在我們這一代人手上丟了，多傷心。所以我們用最後一點力氣幫助年輕人，希望你跟我一起參加今年的桑央節吧。」

「想都別想，我去不了了。唱還能唱兩句，但走路、上廁所都成問題，我是心有餘而力不足。」老夥伴回絕了赤來倫珠的提議。

「那我替你去，替你好好看看，把靈氣替你帶回來。」

桑央節到來，赤來倫珠帶著自己織的假髮，盛裝出席了這一屆的桑央節，帶著年輕人跳舞唱歌，用最傳統的方式迎來了又一個桑央節。

「老骨頭都跳散架了，比不了從前。那時候，桑央節前的三天，我就激動得睡不著，騎手要給馬編好看的花環，又擔心沒有準備好。那時候，我的腿腳都很靈活，賽馬、跳舞、走路都沒有問題。」老人感慨地說，但臉上卻是由衷的快樂和幸福。

第二天，凌晨五點所有人都盛裝在桑耶寺門口集合，每個人都背著一卷昨天在寺裡領到的經書，他們排著長長的隊伍開始隆重的轉地儀式。黃色幡帳和五彩經幡下的喇嘛在隊伍的最前面，然後是穿著古裝的青年男女組成的儀仗隊，男青年穿戰袍、持弓箭、掛長刀，女青年服飾豔麗、背負經書，再然後鼓樂手，最後是身背經書手搖長壽旗的百姓，隊伍綿延一公里。長達二十多公里的轉地活動，人們圍繞土地一圈，誦經唸佛，祈求來年的好光景。

赤來倫珠和年輕人說：「桑央節十二年才有一次，所有的神猴都聚在猴年。只有猴年才有桑央節。猴年前面是羊年。羊年不好，以前有瘟疫跟傳染病。到過節那一天，大家都背著經書，搖著長壽旗，圍著整個村莊轉二十幾公里。桑央節會把所有的靈氣都招來，靈氣會傳到每家每戶。傳統是特別重要的。其實都是為了躲避災難、疾病，能不能招財其

| 桑央節的舞蹈是為豐收而跳的

| 桑央節會把所有的靈氣都招來，靈氣會傳到每家每戶

實不重要，重要的是大家身體都特別健康。當年，二十四個節氣裡有對應的二十四首歌，以前的歌裡沒有金銀財寶，都是避免災難，教人善良，不做惡人。青稞的生命、牛的生命和人的生命一樣重要，就是求所有的生命都吉祥。」

赤來倫珠是轉地隊伍中最年長的，村裡許多像他這樣年紀的老人，連地都下不了。然而，畢竟年紀大了，體力不能和年輕人相比，慢慢地，赤來倫珠還是被越來越遠地拋在後面。看著遠去的隊伍，赤來倫珠不免有些失落：「以前身體特別好，賽馬、跳舞、轉地，再遠再久都沒有問題，人人都羨慕我的好身體。」

然而，對於現在的生活，赤來倫珠卻是一臉滿足。也許身體已逐漸衰老，不能再像當年那樣騎馬、跳舞，但是比起那些已經離世，或者走路都困難的老夥伴來說，還能來參加桑央節，赤來倫珠已經很開心了。

「我這一輩子沒有什麼不滿足的，如果能活到參加下一個桑央節當然好，但是，再活一兩年也是可以了。」赤來倫珠笑著說。

| 桑央節舞蹈隊的扎西

| 桑 央 節 |

　　十二年一度的桑央節是藏南地區的重大節日，通常在藏曆猴年春播前與秋收後，當地藏民就會自發舉行為期三天的慶祝活動。桑央節的來歷與藏族認為自己的祖先是神猴有關，關於神猴的傳說就起源於藏南地區。慶祝活動包括祭祀天地、祖先、神靈和慶祝豐收。活動期間全村男女老幼都要出動，圍繞土地行走一圈，這是活動第一天的「轉地活動」。人們背負寺院裡請出來的經書並頌經唸佛，兆示好年景的來臨，之後的兩天，以賽馬、跳舞、唱歌，聯誼交流為主。

　　「轉地活動」中有一支兩百多人組成的儀仗隊，數名喇嘛為首，舉黃色幡帳和五彩經幡，然後緊跟著身著古裝的青壯年男女儀仗隊，男的著戰袍、持弓箭、配長刀，女的穿豔麗服飾、背經書，然後是鼓樂手和參加活動的村民隊伍，場面壯觀又喜慶。賽馬活動則是青年男子展示才能的舞臺，以奪得冠軍而榮耀。

｜ 賽馬節上的磁石彈舞

賽馬節上的磁石彈舞

　　西藏的阿里是一個高海拔地區，而位於阿里東南的措勤縣則是一個海拔四千七百米的縣城，「措勤」在藏語裡的意思是「大湖」。措勤縣境內湖泊眾多，其中扎日南木錯就是離縣城不過十多公里的一個大鹹水湖，「措勤」一名也是由此而來。

　　賽馬節前，一對中年夫妻來到扎日南木錯邊拍婚紗照，中年男人西裝革履，稍顯發福的身體依然能看出藏族人強健的體魄，尤其是他那張黝黑的臉更有著典型的藏族人的英氣。他有一個特別的名字——解放。其實，他的藏族名叫尕瑪群培，三歲那年的肺結核病差點奪去他的生

命，幸得在措勤巡診的內地解放軍相救，小尕瑪活了下來。於是父母給他改名解放，讓他永遠記得這救命之恩。

相伴十三年的妻子曲珍，一直有個拍婚紗照的夢想。賽馬節前，他們終於有時間到湖邊拍一組婚紗照了。穿著白色婚紗的曲珍還是那麼動人，而愛唱愛跳，平時還自編自導自演小品的解放，連拍婚紗照時都不安分，兩人時常笑到出戲，讓攝影師沒法拍照。

解放十歲那年得到了一把吉他，從那時起，他就表現出濃厚的藝術興趣和天賦，唱歌、跳舞、演小品，現在他已經是措勤縣民間藝術團的團長，這支縣裡唯一的文藝隊伍，讓他覺得自己終於可以全身心地投入藝術中去了。

民間藝術團將在賽馬節上演出傳統的磁石彈舞，這種舞蹈在過去是專供貴族觀看的，男舞者的頭戴狐狸帽，女舞者用珊瑚眼、綠松石裝飾，舞步奔放、熱情、張揚。因為舞蹈出自磁石鄉，而且強調腳步的彈力而得名。

磁石彈舞因動作優美、華麗、歡快，跳舞過程中男女搭配，舞動多樣的整體風格，視覺上給人以一種「彈簧式」的感覺而得名，距今已有三百多年的歷史，是從古格王朝到至今，在措勤縣磁石鄉的當地牧民群眾中慢慢形成的歌舞結合的鍋莊。在解放西藏之前，磁石彈舞主要以男女之間的愛情或相互認識為主。牧民們白天各自在放牧，晚上幾公里以內的牧民們相聚在一起跳個舞蹈，談情說愛。磁石彈舞舞動的感覺讓人們在視覺上感覺舞者是在彈簧板的舞臺上跳舞。

磁石彈舞是解放一次下鄉演出時發現的，他們夫妻決定將這種傳統舞蹈加以恢復和改良，跳出磁石鄉，跳到更廣大的舞臺上。

｜ 藝術團在湖邊苦練磁石彈舞

｜ 磁石彈舞歡快華麗，視覺上給人一種「彈簧式」的感覺

　　可是，舞蹈團的排練不盡如人意，男女青年因為缺少對傳統文化的理解，動作和情緒總是不能達到夫妻二人的要求。儘管如此，曲珍還是不厭其煩地反覆糾正、反覆示範，賽馬節上的演出對於他們，對於整個藝術團來說都是一次重要的亮相。

　　為了讓藝術團的磁石彈舞更完美，賽馬節前解放和曲珍專門驅車去磁石鄉采風，這次目標很明確，就是要找到那位會唱會跳的卓多，當地人喜歡稱他為「會跳舞的胖子卓多」。之前為了學習磁石彈舞，解放不止一次去過磁石鄉，跟卓多也十分熟稔。但這次不巧，卓多出門在外，幸好開車不算太遠。解放和曲珍決定去找卓多。

　　兩人見面，行了碰頭禮，解放還送上了一份小禮物——一張釋迦牟尼圖片，這是卓多一直想要的，這樣他可以隨時帶在身邊。

　　「風是從北邊吹來的，天上的雲是一張善變的臉，我們獻上潔白的哈達。像白雲一樣潔白的哈達，白雲下是虔誠的朝聖者，最好的檀香隨風獻給白雲。」卓多除了會跳舞，還有一肚子的民歌。「這一帶的民歌每一段都是三句，講的都是故事，每年賽馬節是一年剛剛的開始，賽馬節上我們都是唱這樣的歌，這是唱給風和雲的歌。」

　　解放和曲珍很珍惜每次采風的機會，他們跟著卓多一遍又一遍的學習傳統舞步，腳步如何邁，在什麼時候轉身，手勢如何配合，他們都非常認真地模仿、學習。每次，解放和曲珍都覺得有不少的收穫。藏族的歌舞寶庫實在豐厚，不斷向傳統學習和汲取營養是他們一直在努力的方向。

　　演出的前一天，解放建議把演員拉到湖邊排練，讓他們提前體驗現場演出的環境。男女演員都盛裝演出，曲珍欣慰地看到大家舞蹈的進步，但當過兵的解放卻有更嚴格的要求。他發現一位女演員沒有按要求穿上跳舞專用的靴子，她解釋說因為靴子的拉鏈壞了。「這就像軍人上戰

場帶槍了，但沒有帶子彈。」解放一臉嚴肅，把演員們都震住了，完全不似平時跟大家嘻嘻哈哈打成一片的解放團長。「跳舞時一定要情緒飽滿，熱情起來。」他最後叮囑道。

　　賽馬節終於到了。牧場上遠近的牧民都趕來了，大家都穿上了傳統的服裝，節目一個一個地進行著。民間藝術團的磁石彈舞是壓軸節目，解放和曲珍看上去比演員們都要緊張。音樂響起，舞步飛揚，演員們忘情地跳著，解放和曲珍站在一旁，目不轉睛地盯著舞蹈隊。「對，就這樣，很有勁。注意保持隊形。」經過改編的舞蹈雖然節奏更快，難度也更大，但是演員們還是非常出色地完成了這次演出，歡快跳動的舞步，帶著滿滿的青春活力，洋溢著歡樂的氣息。

　　演出圓滿結束，觀眾們給予了熱烈的掌聲，還為解放和曲珍獻上了潔白的哈達。解放和曲珍一直懸著的心終於放了下來，這麼久以來的辛苦總算沒有白費。

傳⋯⋯承

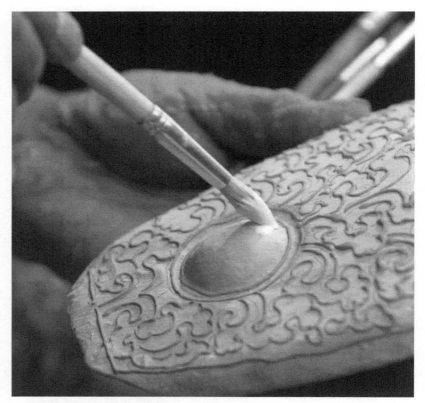

｜上色是面具製作中最重要的一道工序

製作薩迦面具的手藝人

藏戲、羌姆舞或者是寺院裡舉行的法事跳神中，面具都是一種不可或缺的元素，它們造型比例誇張、色彩醒目，甚至都有著非常繁複的裝飾。它們或者是某個著名的歷史人物，或者是神話裡的動物、某位神靈，除了造型變化，色彩也是區別角色的一個重要因素。比如國王是紅色，大臣只能是淡一些的紅色，半黑半白的便是那些兩面派。藍、綠是藏族文化中代表美好和吉祥的顏色，當然要分配給勇士和王妃。

六月的薩迦寺已經開始準備冬季法會的用品了。藏曆十一月二十三到二十九舉行的冬季大黑天法會是薩迦寺最隆重的傳統法會。大黑天法

會由薩迦大成就者貢噶仁欽大師首創，至今已經傳承了近千年。在千餘年的歷史進程中，薩迦大黑天法會始終遵循祖師制定的儀軌，從法會流程、誦持經文，到服飾、面具、法器、舞步等，一切都保持著千餘年來的法脈傳承和古老風貌。

　　大法會期間，薩迦寺的僧眾與萬餘名信眾會按照傳統儀軌在護法神殿迎請十一尊護法神像，並在寺院廣場表演巨型大黑天面具舞。為此，寺裡的喇嘛找來了會做大面具的扎西，他是遠近聞名的面具製作藝人。從十二歲跟著父親學做面具開始，扎西已經整整做了近四十年。只是，當年父輩們製作的面具更多的供應給寺廟，內容也多是藏傳佛教的。而扎西現在製作的面具內容涉及很廣，外形、大小、材質上也都有改進。以「長壽老爺」為例，傳統製作都是在泥塑上進行著色即可，而扎西在原有著色基礎上，將「長壽老爺」畫上去的鬍鬚改為犛牛尾巴的材質，牙齒則使用了山羊骨，如此看上去，面具更加活靈活現。現在扎西一家主要收入來源就是通過製作薩迦面具，每年的固定收入就有四萬多元。

　　扎西接到薩迦寺的邀請，詳細詢問了面具的種類、大小。因為六月雨水較多，所以，製作面具需要的時間便會比平時久一些，至少二十天左右。

　　製作面具第一道工序便是找土，找到適合製作面具的黏土是面具保存時間長短的關鍵因素之一。上山採集黏土便是扎西首先要完成的，然後，篩土、和泥、製作模子。扎西的妻子一直都是這些工序製作中最好的幫手。

　　扎西在院子裡席地而坐，他完全不用對照唐卡裡的形象來制模子，所有的形象都印在他的腦海裡。在他的堆疊下，模子一點點地顯現出來。接下來的熬膠、黏布也很關鍵，膠是由犛牛皮和防腐藏藥熬製而成

| 扎西在院子裡做面具模子

| 扎西席地而坐，他完全不用對照唐卡裡的形象來製作，所有的形象都在他的腦海裡

的，這樣膠不僅是黏布的用具，還能起到面具防腐作用。這種貼布脫胎面具在牧區都是用舊帳篷布做的，這樣製作的面具最長的能保存三百年。扎西用的是普通的布片，但前後黏了三層。

　　模具做好後，需要很長的時間晾乾。然而，六月的薩迦已經到了雨季，每天的日照很短。雨水增加了空氣濕度，不便於模具乾燥。為了不耽誤工期，扎西特地去超市買了一個暖風機，這樣就可以讓暖風機給模具加熱。黑夜裡，暖暖的燈光印照著巨大的模具，也照著扎西那張典型的藏族人黢黑的臉。

　　等待膠布面具風乾的過程中，扎西開始在廚房裡熬膠。等模具硬度足夠了，扎西開始給它刷膠、黏布，一共要黏六層，一層白一層紅，這樣容易計數。在等待膠布層乾的同時，扎西又在準備面具上所需要的一些小零件——頭髮、簪子，這些小零碎會讓面具更加豐富和豐滿。面具徹底乾透了，在妻子的協助下，扎西開始脫模工作，其實就是把模具上多餘的黏土清除掉，這樣就成了一張黏著膠布的面具，其重量也能被表演者所承受。上顏色是製作面具的最重要的一道工序，一點點地描摹，色彩、紋樣都讓面具呈現出誇張、醒目的面目。提前完成的頭髮、簪子這些小零碎也被安裝到它們應該出現的位置，一個薩迦面具製作完成了。

　　藉著夜晚的月亮，扎西仔細地端詳著這個出自他手的作品，滿意地笑了。

　　清晨，扎西帶著他的面具走出家門，向薩迦寺的方向走去。

| 清晨，扎西帶著製作好的面具走向薩迦寺

｜ 薩迦面具 ｜

面具是派生於民間原始祭祀和圖騰崇拜，在不斷的運用和實踐中逐漸形成為一種獨特的宗教藝術工藝品，在西藏的不同表演中都有運用，包括宗教祭祀、戲曲表演、民間娛樂表演等，按不同的用途分為宗教面具、藏戲面具和民間歌舞說唱面具。

薩迦面具是在薩迦派宗教儀式的跳神表演時所戴的面具，也運用於藏戲表演，因為自成體系而成為西藏面具中的獨特門類，「熱盾木芭」是薩迦面具的專稱，意思是膠布面具。

製作薩迦面具是以黏土塑製胎模，然後再用布料製作面具的白坯，開坯、粗開面、著色，直到開光，有著一套非常繁雜而又精細的工藝流程。而且，相較於繪畫、雕塑，面具因為有著更強的宗教意蘊，所以有著更加嚴格的製作規範。薩迦面具造型形象大致有四種臉型：蛋卵形、芝麻形、方形和球形，而相貌分為九態，即：優美相、英武相、不淨相、笑相、凶猛相、可怖相、慈悲相、傲慢相和寂靜相。面部五官之間的比例關係和尺寸均按佛教造像度量有關規範中所載的「麥、足、指、拃、肘、尋」六種度量，藝人在製作時不得踰越。

薩迦面具以宗教面具為主，羌姆面具、藏戲面具、民間歌舞面具幾乎涵蓋了薩迦面具藝術的特色。本尊、護法神、伴屬神則是羌姆面具中的重要形象。

| 一把木鎖一個樣子，上面有父輩留下的記憶，也有藏族人世代的信息

八蓋鄉最後的製鎖人

　　江安家世代都生活在日卡村，這裡是八蓋鄉地處最高的村莊，像許多藏地的村莊一樣，背靠雪山，因為交通不便很少與外界接觸，即便是這個公路、電網都通到縣裡的時代。

　　易貢藏布源自念青唐古拉山脈，它從海拔六千多米的源頭出發，藉著強大的勢能，一路咆哮著在地殼上劃出一條巨大的溝壑，形成了崎嶇陡峭的地貌，而江兩邊的高地平臺被人們利用，逐漸形成了一個個的村莊。日卡村是八蓋鄉地理位置最高的村莊，「日卡」在藏語裡便是「山頂」的意思。

　　村子旁邊的一個山頭上，建有一些木屋，這裡存放著各家各戶的生活必需品、糧食和貴重物品，一是便於牧民輪流督查管理，更易防盜，再者，一旦有人家失火，也不會傾家蕩產。

　　這些木屋上的木鎖已經用了幾代人了，是由村裡的老一輩親自製作的，十分堅固耐用。如今這些經過了無數風雨春秋的木鎖已經開始腐壞，村長倫珠擔心木屋的安全，便和村裡幾位年長的村民商量換鎖的事。雖然每把鎖都是村民的記憶，是對逝去長輩的懷念，也是對一種生活方式的懷念，但是腐壞的目所已經不能用了，急需更換。

　　晚上，火爐邊，倫珠和村裡的幾位長老商談木屋的安全隱患。其中一位也是倫珠的父親。如今會製做木鎖的人只有倫珠的父親江安了。江安以牛為伴，每天趕著牛上山吃草，晚上自己打酥油吃糌粑，他醉心的事就是他的三頭母牛都要產小牛了。

　　大家一致認為，村裡的木鎖壞了，如果不更換新的木鎖就只能換成防盜門，否則東西就會丟光。但沒有人希望換成防盜門，他們不喜歡防盜門，也習慣了使用祖輩傳下來的木鎖。他們希望江安能幫大家製作新的木鎖。

　　江安拒絕了大家的邀請：「製鎖是英雄才能幹的，我只是個放牛的。放牛的幹不了英雄幹的事。」

　　大家都一臉愁容地看著他，村裡的人不僅都習慣用木鎖，而且防盜門要花很多的錢，許多人家沒有多餘的錢來換防盜門。

　　「我只是見過阿爸做鎖，我自己沒有完整地做過。而且，阿爸去世後，我在喇嘛面前發過誓，永遠都不再打鐵。鎖是木頭的，但鑰匙是鐵的。」江安有些為難地說出他不能做鎖的另一個原因。

｜ 日卡村是八蓋鄉地理位置最高的村莊

｜ 村裡如今會製做木鎖的人只有倫珠的父親江安了

｜ 挑了個晴朗的日子，江安上山找適合做木鎖的木頭

│ 江安在家走心做木鎖

　　沉默了一陣，有人開口說，「木鎖是爺爺留下來的，我們也捨不得，但壞了只能換掉。不過鑰匙是鐵的，還可以用，所以，你只要做鎖不用做鑰匙，這樣就不用打鐵了。」做鎖原本就是為大家服務，更何況不打鐵做鑰匙，喇嘛自然不會怪罪。

　　江安終於同意做鎖，大家都笑了。倫珠挨家挨戶找來村裡壞掉的木鎖，一共五把。聽說村裡統一免費換木鎖，大家都很高興。

　　「上山砍木頭去嘍。」江安挑了個晴朗的日子獨自上山找適合做木鎖的木頭。那種直徑二十五厘米左右的、長得筆直的白樺木才是江安需要的。江安把砍好的木頭運回了家裡，這些天他沒有時間照顧他的牛群，倫珠來替他上山打草餵牛，讓父親能專心地研究木鎖的製作。「噹噹噹」的鑿木頭聲音連日雲繞在村莊靜謐的上空，江安一心想讓大家早點換上新的木鎖。

　　五把木鎖做好後，江安一家一家地換掉了舊木鎖。「換掉的都是阿爸親手做的鎖，鎖老了，我也像鎖一樣該換了。」江安自言自語道。他把舊鎖收集起來帶回家，那是阿爸留給村子裡的安全與保障，如今是他對阿爸所有的想念。

　　一把木鎖一個樣，上面有父輩留下的記憶，也有藏族人世代的信息。

　　為村子換了新的木鎖，江安的母牛也生下了小牛，江安特別高興，禁不住親了小牛一口，剛剛會站起來的黑色小牛背上有一道白色的皮毛，抱著萌萌的小牛，江安開心地說：「你好可愛啊！」

　　清晨的村莊在山間白色的雲霧中安詳而又靜謐，江安吃過了糌粑酥油，又趕著他的牛群上山了。

┃ 抱著萌萌的小牛,江安和兒子、孫子開懷大笑

| 阿尼占堆是有名的說婚人，而現在這樣的說婚人很難找到了

最後的說婚人

　　阿尼占堆家世世代代生活在一個叫醇倉的小村子裡，山的那邊就是美麗神聖的納木錯。阿尼如今已經七十多了，曾經是遠近聞名的說婚人。他有一肚子的傳說和故事，只能唱給小孫女聽。

「以前這世間，什麼都沒有，
忽然四面八方颳起了大風，
風帶來了水滴，形成了雲，
雲朵變成了金子，然後變成七座金山。
有雲朵才有了須彌山，

就這樣開始形成的宇宙。

這個世界最初沒有人，

人的爸爸是個猴，媽媽是羅剎女。

生了三個兄弟，

第一個孩子是熊。

最小的孩子沒攔住掉進地洞裡，

就是現在的旱獺。

第二個孩子最傻，就是我們人類。

我們就這樣出現了，

祖祖輩輩靠牛羊來維持生活。

世世代代延續至今。」

　　沒事的時候，阿尼占堆會和孫女兩人坐在家門口看著遠處的雪山連綿不絕，湖水綠如碧玉，把自己知道的故事都唱給孫女聽，讓她瞭解更多的藏族歷史。

　　阿尼以前是遠近聞名的說婚人，有婚禮的地方都有他在說婚，他不僅帶來吉祥和祝福，也帶去了那些代代相傳的歷史故事。如今，人們都不再需要說婚人，阿尼也就無用武之地了。

　　那天，阿尼正在給孫女說故事，孫女指著遠處說：「阿尼，那邊有人來。」

　　阿尼也看見了，遠處有兩個騎著摩托車的人正在朝他們過來。吉祥的風吹來了吉祥的客人，阿尼把客人讓進屋，在火塘邊請他們喝熱乎乎的酥油茶。

| 沒事的時候，阿尼占堆會把自己知道的故事都唱給孫女聽

　　中年的客人說，他是專程來請阿尼去說婚的。藏曆新年，他兒子就要和加榮家族的羅布江村結婚，那將是一場盛大的婚禮，希望占堆能去說婚，為婚禮增添氣氛。因為他們聽說，阿尼占堆是有名的說婚人，而現在這樣的說婚人很難找到了。

　　阿尼笑了，他沒了牙的癟嘴和滿臉的皺紋都充滿了喜悅。「你們來找我，就是瞧得起我，所以我一定會去。但是千萬不要用車來接我，我自己騎著馬去，說婚人沒有不自己騎馬去的。馬的味道比車的味道更能給婚禮帶來福氣。我會唱得十面八方的神仙都高興，唱得你們大家都有福氣。」

　　接受了說婚的邀請後，阿尼每天都去湖邊對著連綿的雪山唱歌。「神聖美麗的納木錯啊，聖潔的納木錯被嚴寒凍結，被嚴寒凍結的湖面，太陽升起金色的光芒，灑在冰冷的湖面，溫暖湖水也溫暖我們的生活。」

　　阿尼的聲音有些蒼老，但充滿了激情，他要把最好的歌聲獻給那場盛大的婚禮。

　　藏曆一月十四那天，阿尼換上盛裝獨自騎馬去參加那場婚禮，他告訴為他送別的兒孫，讓他們放心自己，「阿尼要去做最棒的工作，魔鬼都會害怕我。」

　　七十不留餐，八十不留宿。按照漢族的說法，七十歲的阿尼獨自出遠門的確有些令人不安，但阿尼神采奕奕地穿過冬天的草地，來到了婚禮的現場。

　　聽說最好的說婚人要來助興，全村人都盼著早點見到他。阿尼還沒下馬，說婚就開始了，他祝福了所有的人，把吉祥和喜悅的歌聲帶給他們。

「看到黑帳篷時候，唱一首最美的歌。

順時針繞三圈，會遇到吉祥的女神，

| 換上盛裝的阿尼獨自騎馬參加婚禮

女神張開翅膀，保護所有的人，
讓魔鬼無法靠近，打著滾兒就跑了。
清晨，這裡的男人像老虎一樣威猛，
他可以放一千匹駿馬，牧場的名字叫蓮花。
美麗的姑娘來敬酒，喝下一百杯都不會醉。
從太陽升起來一直喝到太陽落下去，
喝得帳篷外十八陣風飛沙走石，
夜裡和星星月亮一起唱歌跳舞。」

新人家也以最高的禮遇接待了阿尼，以最尊貴的客人的禮遇接待他。

「敬三寶，敬日月，敬星辰。
把這杯甘甜的青稞酒，滴一滴在駿馬的臉上，
馬頭指的方向都是吉祥的。
把這杯甘甜的青稞酒，在馬肚子上滴上兩滴，
馬肚子經過哪裡，哪裡都開滿鮮花。
把這杯甘甜的青稞酒，在馬腿上滴上三滴，
希望馬腿可以驅散地魔。
阿尼接過美酒，唱了祝福的歌。
藏式的家門是白海螺殼做的，
進門之前要獻上最潔白的哈達。
白色是西邊飄來的祥雲，
絕色是佛背後的火焰，
藍色是十方神仙居住的天空，

| 剛進村，阿尼還沒下馬，說婚就開始了。

綠色是養育我們的湖泊，

黃色是自然賜予我們的土地，

我帶來五種顏色的幸福給每個人，

上天也把吉祥帶進這所房子。」

阿尼進門前掏出一條五色的經幡掛在門口，邊掛邊唱著祝福的歌。村裡已經很久沒有見過這樣的說婚人，大家都圍觀著，有人還拿出手機來拍照。連在屋裡準備換盛裝的新娘都有些迫不及待地出來見這位說婚人。女方家一早起來便做好了各種準備，看到占堆帶著新郎和扎西過來，三位敬酒姑娘和牽馬人迎上前去，占堆老人開始說唱起關於土地、風、天空以及五大洲的形成。

隨後，敬酒姑娘以對歌（一問一答）的方式難為占堆老人，經驗豐富的占堆應對自如。隨後，占堆下馬，對院子裡擺放的水和牛糞開始唱讚美詞，之後進門以說唱的形式誇讚女主人、佛龕以及呈上的牛肉，所有牧民生活細節都在占堆老人的唱詞中得到昇華，這些唱詞承載著的牧區生活文化一代代傳承了幾百年。

一對新人當然是今天的主角，阿尼進屋後，給屋裡的每一個角落都敬獻了哈達後，開始為新人唱最吉祥的祝福歌。

「白海螺帶來佛的聲音，

一顆紅珊瑚象徵著幸福與永恆，

一根漂亮的線繫上白海螺和紅珊瑚，

白海螺在左側，紅珊瑚在右側，

佛的聲音永恆地保護著你們，

| 阿尼的家鄉

像陽光一樣溫暖著你們，
像父母一樣愛護著你們，
就像月亮跟太陽永遠在一起，
把最珍貴的禮物繫在辮子上，
一生一世都在一起。
你就是他，他就是你，
牧場裡的牛羊會越來越多，
院子裡的孩子會越來越高興。」

　　歌聲在大家齊聲喊出的「吉祥如意」聲中結束，而新人也開始接受大家獻上的祝福和哈達，白色的哈達幾乎淹沒了兩個新人，祝福也像哈達一樣綿延不絕。

　　婚禮終於進入喝酒吃肉的環節，阿尼也有些累了。「終於可以吃肉了。」他笑著坐下來休息，拿起一塊肉送到了沒牙的嘴裡。夜幕臨近，大家仍在高呼著吉祥互相敬酒，占堆老人漸漸露出疲態，慢慢睡著了。旁邊的主人叫醒了老人，因為需要再唱今天最後一首歌，大家才可以去休息。此時老人聲音已經嘶啞，但依舊賣力地唱著：

「向你們致敬。
你有如吉祥的保護寶傘的頭部，
有如吉祥的珍貴金魚的眼睛，
有如吉祥的鑲滿寶石寶瓶的頸部，
有如吉祥的盛開的蓮花葉子的舌頭，
有如吉祥的右旋的達摩白海螺的語言，

| 阿尼占堆一家人

有如吉祥的光芒四射的吉祥結的思想，

有如吉祥的珍貴珠寶的雙手，

有如吉祥的不可戰勝的聖幢的身體，

雙腳下蹬著啟迪智慧的法輪

願八吉祥物為我們帶來從天而降的吉祥之雨。

願這裡從此充滿幸福，吉祥如意！」

從加榮家的婚禮回來，阿尼一直在想一件事，他老了，他希望有個會寫字的人，把他心裡的這些歌都記下來，讓以後的人也會唱。他找了村子裡的很多人家，但都沒有會寫字的。

有一天，阿尼找到了一個會寫字的人，他說出了自己的願望，會寫字的中年人願意為阿尼寫下他心中的歌詞，因為他知道，阿尼是最後的說婚人。

老人一句句唱著，中年人一句句仔仔細細地寫著。每個字都是這位老人盡全力想留在世上的東西。

納木錯邊，老人再一次唱起了歌，唱起了關於世界和自然的古老的祕密。

| 納木錯邊，最後的說婚人唱出了自己的故事

| 剛剛十歲的剛吉告訴爺爺次仁：「我也想去見鹽湖女神。」

那曲的馱鹽人

二十多年前，次仁旺清在雅根錯採鹽時，湖中飄來一把鏈鹽板，他堅信那是鹽湖女神賜予他的。一直對鹽湖懷著深深感情的他，教孫子剛吉唱馱鹽歌，剛吉便纏著阿尼帶他去馱鹽。

油鹽柴米是日常生活中最不可或缺的，生活在高寒地區的藏族人更加離不開鹽，不僅人離不開，連犛牛一類承擔著家庭部分重體力勞動的家畜也一樣。但現在生活好了，交通也方便了，自己到鹽湖採鹽馱鹽這種艱苦的勞動，人們越來越不願意做了。

年過六旬的次仁旺清是那曲安多縣扎仁鎮的牧民，他告訴自己的孫

子剛吉，馱鹽是件很辛苦的工作，路途遙遠，會遇到風雪，還有狼和熊這樣的野獸要防範。剛吉還是希望阿尼能帶著他去馱鹽，次仁問剛吉為什麼想去馱鹽。

剛剛十歲的剛吉回答，「我也想去見鹽湖女神。」

次仁笑了，他決定讓這個勇敢的男孩經過一次真正的馱鹽之旅，讓他成長為一個真正的男子漢。雖然，按照傳統，只有十四五歲的男孩才能參加馱鹽。

「你要聽我的話，我讓你做什麼就做什麼，不讓做的堅決不能做。」這是他給剛吉立下的規矩。馱鹽這個在藏區有著幾百年傳統的工作，本來也是有嚴格規矩和紀律的，因為這是馱鹽隊安全的保障。

新的馱鹽隊組成了，由次仁旺青和老夥伴石多負責。

「自古以來，馱鹽隊就不可以在鹽湖女神面前犯錯，或者不敬。」次仁嚴肅地說，「不守規矩就是對鹽湖女神的大不敬，這樣我們就得不到純淨的鹽。」

第一天上路沒多久，剛吉就忍不住問：「我們還要走多遠？」他不是走不動了，而是迫不及待地想見到鹽湖女神，而阿尼永遠只有一個回答：「跟著走。」

跟著走的，除了剛吉和其他的馱鹽隊員，還有幾十頭犛牛，它們是高原上最能吃苦耐勞的運輸隊。晚上，他們歇在一個平地上，搭帳篷、撿柴草牛糞、生篝火，剛吉都跟著大家一起做。

阿尼指著前方說：「一直往那個方向走，翻過三十座山就到了，只有真正的男人才可以見到鹽湖女神。以前馱鹽的路上，要一直唸經、祈禱，而且不是每次都可以順利馱到鹽。生病死在路上，或者被熊吃掉牛

| 新的馱鹽隊組成了，次仁帶著剛吉出發

都是經常發生的，因為鹽湖女神只喜歡強壯的男人，所以駄鹽是男人的
事情。」

　　大家圍坐在火塘邊，聽次仁講鹽湖女神的事，「駄鹽隊還有自己的鹽
語，剛吉不能學哦，否則以後到學校裡說，別人會笑話的。」駄鹽隊員們
打趣說，剛吉可能會成為駄鹽隊的傳說，因為他是最小的隊員。

　　第二天清晨，駄鹽隊要出發了。出發前的第一件事就是套犛牛，經
過了一夜的休整，犛牛的脾氣似乎也更大了。好幾個年輕人都套不到，
犛牛頭上的角可是很厲害的武器。次仁決定讓剛吉去嘗試一下。雖然讓
剛吉去做這樣的事，次仁有些擔心，但這是駄鹽隊員必須經歷的。沒想
到，剛吉既勇敢又機智，在阿尼的指點下完成得很出色。

　　駄鹽隊繼續前行，氣溫也越來越低，蒼茫的高原上，強壯的犛牛和
男人們都顯得十分渺小。

　　他們終於找到了第一片鹽湖——雅根錯。然而，眼前的雅根錯已經
沒有鹽了，踩在腳下的只有鹼，剛吉臉上露出失望的表情。短暫沉默
後，次仁做了另一個決定，帶領駄鹽隊繼續出發，目標是雀兒錯。

　　「這裡氣溫溫差太大，鹽鹼硼分離不開，所以這裡鹽不能用。所以，
這次我們要走更遠的路，一定可以找到比這裡更好的鹽。」

　　剛吉有點不甘心，他走到稍遠一些的地方，舉著一塊他親自找到的
鹽讓阿尼看。「這也是有沙土混合的鹽。」阿尼心目中的好鹽是純淨的
鹽，「以前鹽湖很多，可是現在越來越少了。」

| 馱鹽隊有幾十頭犛牛，它們是高原上最能吃苦耐勞的運輸隊

| 蒼茫的高原上，強壯的犛牛和男人們都顯得十分渺小

　　沒有結果的一天並沒有阻擋馱鹽隊的鬥志。「如果運氣好，明天我們就會見到更大的鹽湖。」次仁很自信地說，然後對八個隊員進行了分工，分別負責鑿鹽、堆鹽和裝運，鹽要高高的堆，堆得越高越好。

　　「鹽湖附近會有沼澤，一定要小心，否則掉下去就連魂都沒有了。」次仁叮囑到。

　　「沒事，誰掉下去，就讓他留下來陪鹽湖女神，明年我們再來接他。」大家說笑著，在寒冷的高原的夜裡，犛牛糞把篝火燒得很旺。

　　清晨，馱鹽隊冒著細碎的雪花往前走，這種天冷得犛牛都快凍死了。

　　「每次離家都很久，馱回最好的鹽就是全家人的命啊，沒有害怕的事情，最聖潔的女神啊，會保佑我們的。祝福女神啊，扎西德勒。」

　　馱鹽隊的歌聲在風雪中飄蕩，他們繼續去尋找那片最純淨的鹽湖。

　　眼前出現了一片潔白的湖面，次仁確定那是最好的鹽湖。於是他們開始在湖邊煨桑。「供三寶、供英雄和仙女、供戰神、供護法。把潔白的煨桑供佛、供女神、供財神。事事如意，吉神如意。」這是馱鹽隊古老的傳統，在採鹽前先要供奉湖神。「最純潔的女神啊，求你把寶貝賜給我吧，我們都是強健的男人，像火一樣旺盛的男人。」

　　次仁拿出了那幾個比剛吉的年齡都大很多的鹽袋，祖孫開始裝鹽。「我們的家人和犛牛都是靠著這些鹽生存的，我們不可以貪得無厭，不能浪費一粒鹽，也不能多拿一粒。因為還有很多人要來採鹽，我們拿得太多，鹽湖女神會不高興，別人也會沒有鹽吃。」

　　次仁一邊幹活一邊叮囑兒孫們，他覺得這是馱鹽人要懂得的規矩，也是做人的道理。這些道理對於脫口唱出的《好漢歌》而不是馱鹽歌的剛吉來說，可能還不是太明白，但慢慢地他就會懂得，這是次仁堅信的。

| 大家忙碌地裝鹽

　　「我們用最好的青稞酒和食物敬給鹽湖女神，感謝她給我們生命，感謝她讓我們世世代代得以生存，感謝她把寶貝賜予我們。希望明年快快到來，我們又可以見到你，我們把最美的祝願留給你，我們可以把生命獻給你。扎西德勒。」

　　次仁在湖邊獻上了五彩的經幡，向著湖的方向五體投地。「明年我還要來。」剛吉有些稚嫩的聲音在湖面上飄蕩。

| 收穫頗豐的馱鹽隊特別興奮

| 做出一把真的藏刀,是西洛長久以來的夢想

易貢藏刀刀匠的任務

　　扎西爺爺坐在藏毯鋪就的椅子上，在院子裡曬太陽，吸著鼻煙，腰間掛著一把長長的藏刀。九十一歲的爺爺身上流有一部分波密王的血液，曾經易貢、八蓋、東久都是他這個家族的屬地。

　　在雅魯藏布江的水汽通道上，一片秘境深藏在群山圍繞的峽谷中，這裡雨量充沛，氣候溫暖，呈現出一派亞熱帶才有的風光。由於特殊的地理環境，波密土王曾經在這裡與強大的西藏政府進行了六百多年的對抗，直到一九二八年這個半獨立的王國才被攻破。距離土王王宮一五〇公里的地方，古老的波密貴族仍延續著自己的血脈。

對於波密貴族後裔來說，最能彰顯其貴族身分的，則是易貢當地出產的一種藏刀。

佩刀幾乎是舊時西藏男人的一種標準配置，有著四百年歷史的易貢藏刀更是其中的翹楚。易貢藏刀的獨特之處首先在於，所用的原料是從當地山上開採的三種鐵——雍如鐵、馬加鐵和古加鐵組合打造而成。曾經，易貢藏刀是強盛的波密王朝時期貴族的身分像徵，如今則是西藏文化中重要的組成部分。

這天，扎西爺爺找到了西洛，他給西洛講了這把易貢藏刀的故事：「這幾天，我老夢見鷹在叫，還夢見這把刀亮得晃眼的光。這把刀是什麼時候的已經記不清了，但它之前的主人叫扎西甲培，所以它也叫扎西甲培。曾經，扎西甲培一晚上砍死了九個珞巴人，現在刀下的人早就轉世了。扎西甲培陪了我半輩子，把它放在枕邊，命硬，可以避邪。」

西洛接過刀，這是一把真正的易貢藏刀，連刀柄都有著精美的花紋。扎西爺爺說：「以前，我們這裡有過很多傳奇的刀，還有把刀叫宗布嘎，手起刀落，牛頭落地。還有一把叫魯嘉瑪，有頭人曾想用一百頭綿羊來換。現在只剩下扎西甲培了，它是一把有靈魂的刀。你看，它依舊鋒利，刀身依舊有彈性，把刀身掰彎，一鬆手還能還原成一樣的。你仔細看，刀身還泛著青光。」

西洛仔細地端詳著手裡的刀，作為一個刀匠，能做出一把這樣的刀，一直都是他的夢想。

「那您今天提著刀來找我，有什麼需要我做的？」西洛知道，扎西爺爺一定不止是為了來講刀的故事。

扎西爺爺說：「我老了，我想給這把刀找個伴兒。扎西甲培之所以這

｜ 波密雨量充沛，氣候溫暖，呈現出一派亞熱帶才有的風光

｜ 西洛把打造好的刀交到扎西爺爺手裡，爺爺很滿意

麼鋒利，就是用了我們當地的雍如鐵、馬加鐵和古加鐵，只有我們這裡
才能打出這樣的刀啊。」

「我會親自上山把鐵礦挖來。」西洛知道，扎西爺爺不僅想給扎西甲
培找個伴兒，他還想給自己的子孫留下點東西──一對真正的易貢藏刀。
西洛決定完成扎西爺爺的願望，接受這個任務。

選了個風和日麗的吉祥日子，西洛準備帶著徒弟們上山了。他們先
敬山神、煨桑、掛風馬旗，祈禱神山保佑：「求神靈賜給我們鐵礦，祈求
山神保佑，保佑順利歸來。雙眼明亮，耳朵靈敏，雙腿有力量，幸運像
溪水在身邊流淌。」最後，所有人共同祈禱：「嘎拉那波山神保佑，我們
刀匠的幸運都是山神的賜予。」

當地流傳著一種說法：刀匠的鬥志和勇氣，要像火一樣旺盛；心要
像鐵一般堅硬，所以女人是不能上鐵山的。

結束了一天的行程，他們剛剛準備扎帳篷，突然狂風驟起，雷聲大
作。在冰雹傾盆而下之前，眾人合力搭起了一個簡易的帳篷。

「今天，山神好像發脾氣了。可能是我們剛才動靜太大，也可能我們
很久沒有上山採鐵礦了。這麼多年，鐵山給我們太多鐵礦了，但我沒見
過這麼大的冰雹。」

有人的後腦勺甚至被冰雹砸出了一個大包，「如果再大點，可能得去
見爺爺了。」有人還心有餘悸。那些比拳頭還大，小也好似雞蛋的冰雹讓
大家都有些劫後餘生的驚悸。

西洛又去給神山煨桑，而且再一次虔誠地祈禱，他相信，一顆虔誠
的心能感動神山。

終於，神山再次露出平靜安詳的面容。「這山真不是一般的山，有紅

｜ 佩刀幾乎是舊時西藏男人的一種標準配置，易貢藏刀更是其中的翹楚。

｜ 易 貢 藏 刀 ｜

　　迄今已有四百年歷史的易貢藏刀堪稱藏刀裡的奢侈品，是西藏文化的重要組成部分。藏語稱作「易貢波治加瑪」的易貢藏刀據有無可替代的唯一性，因為打造藏刀的所有材料都只能取材於易貢地區。「易貢藏刀最大的特點是長、細、輕便、鋒利無比、不容易生鏽、波紋永在，其工藝技術揚名藏區。易貢藏刀擺放在家裡像徵著能夠過上富裕的生活，帶在身上能夠起到闢邪作用，讓人有安全感。」過去，易貢藏刀是一種身分的象徵。明清時期，藏區的權貴人士以擁有一把易貢藏刀而自豪。在現有的藏刀中，無論工藝還是傳統，易貢藏刀也稱得上典範。

　　遵照古製做法的易貢藏刀，取材於當地鐵礦的刀身需經千錘百鍊，刀柄和刀鞘也都取自易貢原始森林裡稀有的樹種原木，再用珍珠魚皮裹柄。刀鞘外殼是牛皮鞣製之後縫合，「彩虹紋」是易貢藏刀的顯著標誌，是波密王朝時期人們自然崇拜的遺跡，現在成為了易貢藏刀的標識。

銅、黃銅，鐵礦就不用說了，整個山頂都是，還有一大片水晶石。」入夜，西洛和他的徒弟們圍著篝火聊著神山的事。「傳說，這裡曾經是深海海溝。老人說，水晶採下來會立刻化成水，太神奇了。」

有人說：「因為那是冰，不是水晶。」

藏區因為海拔高，除了雪山還有很多冰川，所以老人們會誤將冰川當成水晶石。

「鐵山、鐵山我的家，這裡有豐富的鐵礦，鐵山、鐵山，賜予我們最好的生活。」

第二天，鐵山在晨霧中緩緩醒來，鳥鳴山風松濤，是一個好天氣。這一天照例從煨桑開始。

西洛帶領眾弟子祈禱：「祈求山神保佑我們平平安安來去，不要下雪下冰雹，賜予我們鐵礦。祈求山神不要發怒，不要發怒。原諒我們，不要下這麼大的雨和冰雹。保佑我們採礦順利。」

果然，這一天西洛他們找到了一塊很難得、很大的鐵礦，「純度很高、吸力很強。」西洛用隨身帶著的吸鐵石試了試說，「自古都是用多少拿多少，浪費會遭報應。」他正告採礦的弟子們。傳統就是這樣一代一代地傳承下去的。

採礦回來後，西洛用土法熔鐵。熔鐵是最考驗人的環節，如果溫度沒有控制好就會變成廢鐵，讓之前的勞動都打了水漂。熊熊的爐火燃燒了幾天幾夜終於煉出了最好的鐵。

接下來的幾天裡，叮叮噹噹的打鐵聲在山谷裡迴響，反覆地錘打、鍛造，所謂百煉成鋼。西洛全神貫注地投入藏刀製作中，繁複的流程和製作，每一個環節都需要投入極大的專注，否則一不小心，正在打製的

｜ 鐵山在晨霧中緩緩醒來

刀就會變成廢鐵。

　　初具模型的藏刀出爐後，西洛在刀身上慎重地打上了自己的標記。然後開刃、淬火，經過幾天的辛苦工作，西洛終於打造出一把精緻鋒利的藏刀。一把真正的易貢藏刀誕生了。

　　「神賜的英雄的刀，刀背像山頂的積雪，刀刃像流星般閃爍。刀尖好像升起的火焰，刀腰上的花紋就是天際的彩虹。神啊，賜予寶刀靈魂吧！」西洛在雪山為背景的曠野裡為自己親手打造的藏刀祈求神靈。

　　西洛把打造好的刀交到扎西爺爺手裡，爺爺拔出刀，仔細地查看了每一個細節，並揮舞兩下，緩緩地說了一句：「這刀就只缺一點血味了。」這句話是對西洛最高的肯定。

　　「那你給它也取一個名字吧。」

　　「格桑曲珠。」扎西爺爺早已經給刀想好名字了。

｜ 雅魯藏布江的水流通道上，一片秘境深藏在群山圍繞的峽谷之間

| 對貢覺仁增來説，為村民們看病是一件很榮耀的事

雅魯藏布大峽谷唯一的藏醫

　　貢覺仁增從小體弱多病，成年後便開始學習藏醫。他最擅長的藥浴療法源於一千三百年前的《四部醫典》，用五種藏藥配上青稞酒，在木盆裡泡浴可以治療風濕病。兩年前，他得知雅魯藏布大峽谷一帶沒有藏醫，便決定來這裡工作，成為這裡唯一一名藏醫。

　　每到春天，桃花盛開的時候，林芝就成了人間天堂：白雪皚皚的雪山腳下，寧靜的村莊被綠油油的青稞環抱，粉紅的桃花像雲朵一樣環繞著四周。江水似碧綠的綢帶，沿著峽谷奔流到更遠的地方。這些年，林芝春天的桃花已經成了著名的風景，是全中國的人都嚮往的地方，但這

時候卻也是貢覺仁增醫生一年中最忙碌的時節之一。

　　一大早就來敲他門的中年漢子說了他這些日子來的病痛，但貢覺仁增還是要對他進行尿診，這是藏醫裡一項獨特的診病方法：將患者每天的第一份尿樣，用銀碗盛著，用木棍不停地攪動，通過尿樣的顏色、泡沫、氣味、漂浮物或者沉澱物，作為診斷的依據之一。除此之外，藏醫也會像中醫一樣，也要對患者望、聞、問、切。

　　通過問診、尿診，加上診脈，貢覺仁增已經很肯定這位患者患的是隆病，用西醫的理論來解釋就是肝臟出了問題。這在西醫看來是一種很頑固的慢性病，患者表現為乏力、疲倦等症狀，沒有特別有效的藥物可以根除，服藥大多是改善或者緩解症狀。

　　貢覺仁增告訴中年男人，他是隆病，同時也明確地說，這個病需要採用血療法。中年患者跟著貢覺仁增來到診所外面。春天的藏區正是花紅葉綠、雪山皚皚的季節。

　　貢覺仁增手裡拿著放血療法需要的器械，除了刺針，就是綁紮胳膊的布條、壓迫血管的木叉，還有盛裝血液的器皿。貢覺仁增一邊朝患者走過去，一邊唸著：「叩拜宇妥‧元丹貢布上師，懇請保佑患者康復，叩拜難能可貴格眉拉（藥師）。」

　　患者對於即將進行的治療顯然有些害怕，他努力地把頭偏到另一邊，盡量不去看到即將發生的一切。雖然，很多年以前，他也接受過這樣的治療，因為放血療法在藏醫裡是十分常見的治療手法之一，但他還是一臉的畏懼與無奈。

　　「是不是有點痛？」貢覺仁增手裡的工作沒有停，用布帶勒緊的患者胳膊能清晰地看到靜脈血管，被刺破的血管正在汩汩地出血，助手用器皿接住流出來的血，但出血量還不夠，於是貢覺仁增又用力擠了擠血

｜ 藏醫也會像中醫一樣，也要對患者望、聞、問、切。

｜ 貢覺仁增為患者診病

管。中年人再次扭過頭去，他完全不敢看這個場面。

「頭會有點暈，今天一定不能喝濃茶，更不能喝酒。」酒和茶在藏族人的生活中簡直如同空氣和水，但這是醫囑中最重要的部分。

春天來了，林芝也變得花紅柳綠，但積鬱了一個嚴冬的病毒也隨之醒來。雅魯藏布大峽谷盡頭的加拉村村長就找上門來了。

因為地處偏遠，那裡的村民想看病就更加不容易。村長自己的膽結石最近也犯了，所以，一路上他不得不走走停停，歇了好幾次才堅持到了貢覺仁增的診所。

村長對貢覺仁增說：「你就是活菩薩啊，村裡好多人都病了，有的已經病了很久，就盼著你能去給他們看看病。」

見貢覺仁增面露難色，村長趕緊補充：「你不答應去，我都不敢回去。」

貢覺仁增顯然被說動了，回道：「那你給我兩天時間，把這裡的病人安頓一下。」

村長一臉歡喜地走了，大概也忘了自己膽結石犯了的事，臨走時還不忘囑咐：「你可不能忘了帶上你的藥浴澡盆。」

藏醫的外治手段中，炙療、放血、拔罐、熱酥油止血、青梨酒糟貼敷都是比較重要的方法，還有藥浴也是很有效的方法。

接下來的兩天裡，貢覺仁增除了看病，絲毫沒閒著。親自到山裡採草藥、製藥，最重要的是，特地去鎮上買了一個大號的木質浴缸，是那種能平躺下一個成年人的尺寸。

出發前，貢覺仁增還親自把汽油筒裡的油加到那輛裝著大浴缸的皮卡車裡。用虹吸法加油是土辦法，除了會往嘴裡吸一大口汽油外，這辦

| 貢覺仁增開著皮卡穿行在如畫的山間，去給村民看病

| 山崖邊開鑿的土路是貢覺仁增每次去村子裡出診都要經過的

法是很管用的，可不知道為什麼連連失誤，已經吸了三四口汽油到嘴裡了，卻一滴也沒有加到油箱裡。貢覺仁增都快瘋了，後來他終於想到可能是管子老化了，重新找了一截管子才算成功。最後，貢覺仁增找來一塊紙板，用藏文寫了個通告：「廣大群眾，我出門治病救人，有急事，請叫我貢覺仁增。」貢覺仁增畫了一部手機的圖案，然後寫下了自己的手機號碼。這樣，就算不認識字的人，也知道給他打電話。

一切就緒。貢覺仁增開著他的車穿行在如畫的村莊裡，然後是一段山崖邊開鑿的土路，車過之處塵土飛揚，另一側則是奔湧向前的江水。這條路貢覺仁增很熟，他不貪戀春色，也不懼怕懸崖，只是專心地開車。

那邊，加拉村的村長早早就來到村口，遠遠地看到醫生的車，興奮地迎了上去。「哦，醫生，你終於駕到了。我就知道你今天會來，早早地等在這裡。」峽谷盡頭的加拉村除了交通不便外，與其他村莊並沒有兩樣。

坐在貢覺仁增的副駕駛座的村長手持喇叭廣播著：「好消息，醫生來了。時間緊，任務急，病人快過來，抓緊時間看病了。」

村裡的病人有老有小有男有女，有貢覺仁增用火炙、藥浴治得好的，也有貢覺仁增治不了的肺炎病人，貢覺仁增決定離開的時候捎帶上自己沒有辦法治療的病人，把病人送到縣裡的醫院去。

峽谷盡頭的加拉村還有一半位於河對岸，貢覺仁增又和村長合力抬著那隻大浴盆一起過到對岸的村裡。山路蜿蜒、道路坎坷，但都被村長的幽默和樂觀消解了，他們一人忍著膽結石的疼痛，另一人走壞了一雙鞋，終於在天黑前到達了河邊，順利過河後就不遠了。

藥浴是這裡村民最需要的，整個冬天都在牧場裡放牧的中年人，高原的寒氣侵入他的身體，讓他顯得羸弱不堪，以他為支柱的家庭如今已

｜ 藥浴是加拉村村民最需要的

經積重難返。臨走時，貢覺仁增把浴盆留給了他，因為他的風濕病需要長時間的藥浴治療，同時，村裡的其他人也可以一起使用。

　　返回的路上，貢覺仁增倍感輕鬆，「不用再抬浴盆簡直太輕鬆了。」其實，變得輕鬆的還有他的內心。

| 雪山皚皚、桃花夭夭的春天，是貢覺仁增最忙碌的季節，也是林芝最美的時候

| 藏 醫 |

　　據本教第一本醫典記載，敦巴辛饒是最早的藏醫，他的兒子傑布楚西成為了他的繼承人，由他編纂的《多個夢移》成為了《四部醫典》的宗源書之一。早在象雄時代，藏醫就已經有了外科手術，而且術後癒合無需拆線。放血法、火療法和涂摩療法是藏醫裡比較傳統的治療手段，酥油止血、青稞酒治外傷則是很早以前就有的醫療常識。

　　從西元四世紀到八世紀是藏醫學不斷吸收和發展的時期，玉妥·雲登貢布是吐蕃時期的藏醫代表，也是藏醫學理論的奠基人。藏醫理論以一張樹圖來形象地說明人體的三大因素構成，樹圖中藍色表示人體內存在著的「隆」（氣）、紅色則是「赤巴」（火）和黃色代表的「培根」（土和水）；飲食精微、肉、血、脂肪、骨、骨髓、精七種物質基礎；大便、小便、汗液三種排泄物。三大因素支配七種物質基礎和三種排泄物的運行變化。藏醫也採用望聞問切對患者進行診斷，「尿診」卻是藏醫獨特的診療方法，藥材多是採自藏地的許多名貴藥材。

| 石頭把脈傳人一家

神奇的石頭把脈

　　冬天的藏北草原寒風凜冽，草地都枯黃了，湖水也凍成了冰面，貢曲宗珠在這樣的季節依然需要出門為牧民看病。從學醫開始，父親就告訴他：「醫生是病人與死亡之間最後一道關，是佛的變身。做個好醫生，我們都會為你自豪。」

　　家住藏北草原的貢曲宗珠是年輕人中少數對傳統有著濃厚興趣的人，他現在跟著師父瓊珠學習藏醫。瓊珠師父除了會用藏醫通常的把脈、尿診來給病人診病開藥外，還是石頭把脈的傳承人，這是一種在經書裡有明確記載的藏醫技術。通過石頭來判斷病人的病情，即便他沒有

看到病人，也能得出準確的結論。為了幫助更多的人，也為了讓家人都為自己感到自豪，貢曲宗珠一直努力學習。學習好藏醫，幫助更多的人就是眼下貢曲宗珠的心願。

這天，貢曲宗珠接到一個病人的電話，他照例騎著自己的摩托車穿過茫茫的草地去到病人家。冬天的藏北草原異常寒冷，摩托車有時會因為氣溫太低而熄火。即使整個人都凍僵了，風吹在身上像刀割一樣，貢曲宗珠還是一心想著早點見到病人，幫助她儘快好起來。

病人是個六十多歲的老奶奶，坐在昏暗的房間裡，顯得十分虛弱。從脈象上看，她應該是氣滯鬱結導致的脾胃問題。老人說，渾身都是冰涼的，偶爾還覺得噁心。她的肩背也很痛，還有膝蓋也疼，特別是天冷的時候，疼得站都站不住。

「爺爺就是因為呼吸困難而死的，最後也不知道究竟是什麼原因。有的醫生說，這是血壓的問題，我們家的人都有這個毛病。我覺得我很難挨過這個冬天了，但我不想就這樣死掉。」老奶奶急切地盼望著貢曲宗珠能給她開點有效的藥，讓自己儘快好起來。

「出門朝北走九步，然後撿一塊石頭，病情會顯示在石頭上。」貢曲宗珠攙著老阿媽出了門，按照石頭把脈的儀軌完成了把脈過程，但他對自己的診斷沒有太大的把握，他決定把阿媽撿到的石頭拿給師父看看，進一步確診病情，再給她開出藥方。

貢曲宗珠把撿到的石頭抹了點酥油，然後仔細包好，「師父看的結果不會錯，他會給你開一副對的藥。吃了他的藥就能好了。」貢曲宗珠的話給了老奶奶很大的信心，她表示安心在家裡等貢曲宗珠的消息。

貢曲宗珠帶著撿到的石頭又馬不停蹄地趕到師父家。「病人的事就是天大的事。」這是跟師父學醫的第一天，師父說的，所以，天氣再冷，時

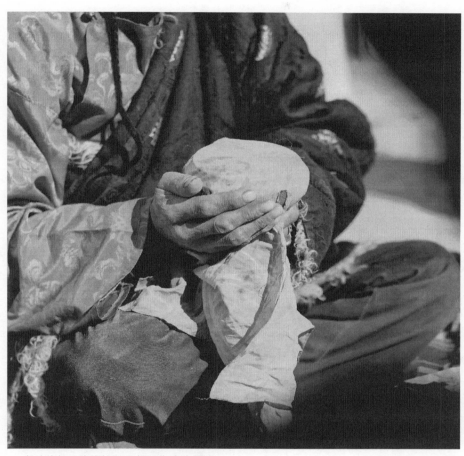

| 宗珠的師父會通過石頭把脈為病人看病

間再晚，宗珠也要趕過去見師父。

　　到師父家時，師父正在製藥。接過貢曲宗珠遞來的石頭，他認真地看了一會兒說：「病人是病得不輕。」貢曲宗珠也跟師父說了自己的診斷，並補充，病人去年一整年都在縣醫院輸液，但到了冬天病得更厲害了。這也是貢曲宗珠最不明白的，現在學習藏醫藥的人比過去少了，因為大家都去看西醫了，但是西醫總是讓病人輸液，但有些病人輸得越多越虛弱。

　　「這塊石頭潮得很，形狀不方不圓也不是三角形，看上去像脾的樣子。石頭整體是淡綠色的，但左上角泛濕氣的地方是黑色的。她的病主要是脾胃的問題，食物中生冷太多，水源又不乾淨。她是不是渾身疼？右邊的腸子還有炎症，你看，這裡凹進去一塊，說明肩膀和背會疼得很厲害。」

　　貢曲宗珠不住地點頭，師父所有的診斷都跟他問診的情況一樣。「如果石頭上有白色裂縫的話，說明生命不會有問題，但現在石頭上的裂縫是黑色的，還有一點點紅色，這預示問題很嚴重。」師父把石頭遞向貢曲宗珠，讓他看得更清楚一些，「你看，這邊也是黑色的，裂縫也是黑色的。」

　　師父給病人開了藥方，但還差一味藥。「從那麼遠趕過來，累了吧。進去喝點熱茶，然後我們去找藥。」師徒倆坐在塘邊，喝著熱的酥油茶、吃著糌粑，一邊聊天。

　　「經書裡有很多關於石頭看病的記載，你要多學習，平常也要多認識一些藥。」師父說。

　　「經書裡石頭看病的內容我在學習，也背下來了。現在認識了一些常用的藥，比如澤巴、達夏、沃米、巴瓦、樺地。」貢曲宗珠向師父匯報他這段的學習成果。師父滿意地笑起來。

| 寒風凜冽的冬季的藏北高原

| 貢曲宗珠在寒冷的冬季依然會出門為牧民看病，他為自己的工作而感到自豪

｜ 宗珠的師父瓊珠是石頭把脈的傳承人

| 宗珠和師父在結冰的湖面上採藥

吃完東西，身體也暖和過來，師父帶著貢曲宗珠拴了馬去冰湖採藥。「那榮錯在很久以前是一片海，所以現在冰湖裡才會有海底動物的化石。我們要找的就是一種動物化石，叫做竹節石，很難找到。這種化石有點像腸子，又像有孔的骨頭，專治腸胃病的。」冬天的湖面已經結了很厚的冰，人在上面行走十分艱難，但這反倒是採竹節石的好時節，如果夏天來，湖水很深，很難看到竹節石。

貢曲宗珠小心地在冰面上走，也仔細地分辨冰面下的東西。師徒兩人運氣很好，不一會兒就找到了五個竹節石，用錘子砸開冰面，必須徒手在冰冷的水裡去撈他們需要的化石，但因為有所收穫，冷都被忘記了。

「用多少取多少，這些不是商品，不能濫取。」師父在湖邊燒了堆火，「找到藥材後，一定要唸經，要感謝湖神的恩賜。」說完，師父一邊煨桑，一邊頌神。貢曲宗珠把這一切都默記在心裡，他知道，這都是藏醫藥重要的組成部分，否則就不算一個好醫生。

「治病的藥都像生病的器官。」回到家裡，師父將竹節石用水煮開，然後用石臼搗碎，貢曲宗珠一直在認真觀察，同時他也發現這種化石的特徵。這些從湖底撈上來的化石，一截一截地黏在一起，像一些小管，也像人的腸道。然後，師父把搗碎的竹節石放到另一個容器裡，搖晃著，以致分離出更細碎的粉末，更便於病人服用和消化。然後，師父將藥粉裝到一個紙袋裡，做一個敬天、敬地、敬神的動作，才慎重地封了起來，寫上每天的劑量，交給了貢曲宗珠。「讓她按時服用，五天後，如果還不見好轉，一定要送醫院，病人的事不能耽誤。」師父囑咐說。

接過藥，貢曲宗珠騎上摩托車，再次消失在茫茫的藏北草原上，而老奶奶正在等他。

| 藏北草原的一家牧民全家福

堅守

| 波密縣最年輕的放映員白瑪曲旺

電影放映員少年白瑪曲旺

　　十九歲的白瑪曲旺，自從中學畢業後就一直在鄉里做放映員，是波密縣最年輕的放映員——走村串寨放映電影。

　　雖然二〇一三年十月三十一日，墨脫通公路標誌著中國實現了縣縣通公路，但依然有很多村鎮沒有與外界直通的公路，有些偏僻的村子可能被一山或一江分隔，別說看電影這樣的文化活動，就算城裡人看來最普通的電燈電話都並不普及，一陣風來，有可能把信號塔吹倒，電話線就斷了。

　　杜鵑花開的時候，白瑪曲旺又牽著那匹叫做賽冬的母馬上路了。賽

冬已經懷上了小馬崽，但是還是必須跟著白瑪曲旺走山路，還要馱著一百多斤的放映設備。路上，白瑪曲旺爬到山坡上的杜鵑樹上摘了許多正在盛開的杜鵑花，把花編成花環戴在賽冬的頭上。在白瑪曲旺的眼裡，懷孕的賽冬依然是漂亮的少女。白瑪曲旺用手機給自己和賽冬拍了一張合影，打算等到了信號好的地方，就把它傳到網上去。

春天的山路並不都是鮮花、陽光和綠蔭，他和賽冬也會遇到泥石流。當石塊、泥漿，混合著砂土，從山頂轟隆隆地滾下來，賽冬被嚇得四處亂竄，白瑪曲旺險些抓不住它的韁繩。一般來說，泥石流只會在雨季才遇得到，而今年的氣候有些反常，雨水特別多。

終於走出了泥石流的危險區，白瑪曲旺有點累了，他找了塊草地躺下，掏出隨身帶著的那本雜誌 ——《看電影》。《看電影》是白瑪曲旺在縣電影院門口撿到的，已經過期了，但裡面的那些漂亮而又風情萬種的外國女明星還是讓白瑪曲旺著迷，他正是春情蕩漾的年紀，要是在過去，他這樣的年齡早已經成親了。但是因為做了鄉村放映員，他還沒有自己的姑娘。看著看著，白瑪曲旺有些迷糊起來，用雜誌蓋在臉上，正好可以擋住穿過樹梢的明亮的陽光。

白瑪曲旺睡著了，賽冬獨自溜到了山澗的瀑布邊遊蕩。等到白瑪曲旺醒來，在樹林和小路上找了很久才算找到了它。

天擦黑的時候，白瑪曲旺決定在一條河邊紮營，剩下的路還需要半天的時候才能走完。扎帳篷是每個藏族人都會的技能，在轉山的路上，吃穿所需都要隨身攜帶，帳篷當然也要自己動手建起來。晚上，在月光和篝火的光亮中白瑪曲旺用手機看電影，所幸有了智能手機，漫長孤獨的夜晚，可以用電影來打發時間。白瑪曲旺喜歡看電影，所以，放映員的工

| 春天的山路寂靜空靈

| 白瑪曲旺找了塊草地躺下，掏出隨身帶著的《看電影》

作雖然辛苦，但他一點也不覺得累。電影女主角嗲嗲的臺灣腔在寂靜的夜晚，傳得很遠。

第二天上午，白瑪曲旺快要到達這次的放映點——朗玉村了。可是一條大江隔斷了對面朗玉村的去路，江面上只有一根溜索。面對寬闊的江面和滾滾的江水，白瑪曲旺一籌莫展，他沒有溜過溜索，而且還有賽冬和一堆放映設備。

白瑪曲旺給朗玉村的村長打電話求援，結果電話是副村長接的，知道放映員白瑪曲旺被困在江那邊，副村長趕緊答覆：「我們飛過去接你。」

很快，副村長和幾個年輕的小夥子出現在了對岸，他們一個個熟練地抓住溜索上的滑輪溜到了白瑪曲旺的面前，溜索上的身影輕盈得像燕子，的確是「飛」過來的。

溜索對於不通路不通橋的朗玉村來說，是村民與外界溝通的唯一交通方式，雖然溜索隱藏著極大的危險。副村長的兒子去年就是溜索時掉到江裡去了。一旦掉下去，就沒有生還的希望，連屍體都可能找不到。當然，他們一定不會讓沒有溜過溜索的白瑪曲旺有任何危險，他們一行四人就是為了保護白瑪曲旺來的。但是，白瑪曲旺還想帶賽冬一起去朗玉村，賽冬不僅承擔鄉鎮放映的運輸任務，還是白瑪曲旺最親密的夥伴。

「我不捨得讓它一個人留在這邊。」沒有人能說服得了白瑪曲旺。

「小夥子太犟了。」副村長搖著頭說。

就像白瑪曲旺不想放棄賽冬同行的計劃一樣，村民也不想放棄看電影的機會，對於這個沒有公路不通橋的村子來說，能看上一場電影是無比珍貴的機會。

「馬溜到對岸會撞到石頭上。」有村民質疑。他們從來沒有在溜索

| 在河邊等待救援的白瑪曲旺

上運過馬，雖然溜過豬和雞，那都是把它們綁在人的身上一起溜過來的。

　　他們用一塊木頭做了一次實驗，的確撞到了岸邊的石塊上，木頭撞得支離破碎。如果溜索上的是馬，此時就命喪黃泉了。於是，大家開始想辦法解決這個難題：首先，把溜索從一根加到兩根，這樣就可以由人從兩邊來控制溜索上的馬的滑動速度；其次，把出發這邊的溜索抬高並且加固，這樣可以讓滑動的速度加快；最後，也是最關鍵的，是如何把賽冬固定在溜索上，以致於讓它在滑動的過程中不會失去平衡。要知道，一條溜索能承受的最大重量只是一百多斤，而懷孕的賽冬加上駄在背上的放映設備差不多兩三百斤，這實在是一個極大的考驗。

　　「我相信，菩薩會保佑它。」白瑪曲旺很肯定地說，在藏區，人們都信仰藏傳佛教，都虔誠地相信，菩薩保佑眾生平安，況且，他們是來把快樂帶給對岸村民的。

　　為了讓賽冬的渡江萬無一失，白瑪曲旺和另外幾位男青年先到了對岸，以便做好接應工作。江岸的這邊則由副村長負責賽冬的安全，幾個壯漢幾乎是五花大綁地把賽冬固定在溜索上，最後帶的繩子不夠，一位村民還不得不解下自己的腰帶，這樣，賽冬的身體總算平穩地系在溜索上了。

　　馬匹到了江心，一切都還算順利，大概賽冬對於剛剛發生的一切還沒有來得及做出反應。那邊，白瑪曲旺和另外四位男青年合力拉動著繩索，以便幫助賽冬更快地到達岸上。白瑪曲旺的心一直懸著，賽冬身下的江水沟湧地奔流著，水流的聲音加重了白瑪曲旺心裡的那份擔憂，但他始終緊緊地抓住手裡的繩索，因為他知道，只要繩子不斷，他們就一定能把賽冬平安地運到岸上。

　　眼看就要抵達岸邊了，賽冬突然掙扎起來。或許，它終於意識到了

| 朗玉村的村民的確是「飛」過來的

危險的存在，也或許，捆綁在身上的繩索勒得它不舒服。總之，它的掙扎加大了拖拽的難度。「越來越重了。」岸上的五個年輕小夥子幾乎是躺坐在地上，藉助著地球的引力與那隻因恐懼或者痛苦而掙扎的馬匹進行著力量的對決。

自從賽冬被送上溜索的那一刻，白瑪曲旺的目光就沒有離開過它，此時，看著在江面上掙扎的賽冬，他比任何人都更加揪心。終於，賽冬還是有驚無險地過江了。當它的蹄子觸到岸上的巨石的時候，白瑪曲旺立馬跑過來安撫賽冬。他和另外幾位小夥子抓住了賽冬身上捆賦的繩子，花了不小氣力才讓驚懼的賽冬安靜了下來。

經過這有驚無險的一幕，剩下的路已是「坦途」。白瑪曲旺跟在賽冬的身後，與前來迎接他們的村民，走在通過朗玉村的山路上。白瑪曲旺藏袍下的 T 恤的背面印著一個大大的紅心，那顆紅心已經洗得有些發白，但在綠蔭蔽日的山間，依然顯得十分醒目。

朗玉村與任何雪山下的村莊一樣，一幢幢木楞房散落在綠蔭如毯的青稞地裡，春天的藏地村莊，寧靜恬淡而又如畫般美麗。

傍晚，白瑪曲旺藉著最後的亮光，在村裡最開闊的那片空地上支起了一塊白色的幕布。入夜，周遭暗黑下來，光影打在幕布上，活動的彩色人影演繹著人間的悲歡離合。

這部喜劇電影，白瑪曲旺看了不止一遍，但他還是像第一次看那樣，跟著村民們一起笑，雖然銀幕上的故事離他們實在有些遠，但以前，他們連觀看的可能都沒有。

| 快抵達岸邊的賽冬

這天，丹曲接到電話，村裡給學校買的鋼琴到了

墨脱上空的鋼琴曲

　　墨脱小夥兒丹曲從藝術學校畢業後回到了家鄉墨脱，這裡是全國最
後一個通公路的縣。丹曲學的是音樂教育，他夢想著有一架鋼琴，讓加
熱薩中心完小的孩子們能在鋼琴聲裡校正音準，聽到鋼琴發出來的美妙
聲音。

　　都說沒有到過墨脱就等於沒有到過西藏。所以，即便沒有通公路的
時候，墨脱也是不少旅行者必到之處。這裡有雪山，更有壯麗的雅魯藏
布江，被旅行者形容為「眼睛在天堂，身體在地獄」的旅行之地。

　　丹曲回到家鄉後，從外表看，跟城市裡的年輕人沒有什麼兩樣，他

也愛穿牛仔褲，戴窄邊的方框眼鏡，背旅行者才背的登山包，但他會在T恤外面穿一件改良過的藏式外套。

他喜歡唱歌，熱愛音樂。流行歌曲隨著外面的旅行者和外出打工的村民也傳到了這裡，但丹曲希望孩子們記住藏族民歌的旋律，記住這片土地的雪山和美麗的格桑花，也希望孩子們有朝一日可以唱著他教的歌，走出大山，去看外面的世界。

「邦錦梅朵好美啊，開在草原上；

邦錦梅朵好美啊，開在雪山上；

邦錦梅朵好美啊，阿媽心中的歌；

邦錦梅朵好美啊，唱給太陽的歌。」

課間，丹曲接到一個電話：「你有個巨大的東西到了，趁著沒有下雨快到宗榮村裡來取。我們送不了，太重了。」

前些日子，村裡撥款給學校買的鋼琴終於到了。墨脫的路，晴天都難如登天，如果遇上連日的雨水那行走起來都困難，更不用說還要搬運一架五六百斤的鋼琴。丹曲決定去找村長幫忙。丹曲在村長家裡找到了剛剛放牛回來的村長。

「村長，能不能給我派幾個人把鋼琴搬上來？」丹曲請求道。

「村裡有力氣的人都出去打工了，現在村子都是空的。我只能把牛借給你。」村長說。

可是光有牛，沒有勞動力，是搬不回鋼琴的。看到丹曲又無奈又焦急的樣子，村長讓他去找村裡有「大力神」之稱的阿布李新。當年，他和另外一個年輕人把一頭牛從鄉里背回村裡，那也是無人能敵的紀錄。

| 墨脫被旅行者形容為「眼睛在天堂，身體在地獄」的旅行之地

| 丹曲大學畢業後回家鄉，在小學教孩子們音樂

丹曲像看到了一線曙光，高興地跑去找大力神阿布李新。如今在村裡開了家小賣部的阿布李新熱情地接待了他。

「年輕時候，我的確有力氣，很難有人跟我比，但是我現在老了。」如果有力氣，阿布李新大概也不會開小賣部，而是像其他有力氣的人一樣，去外面打工了。

阿布李新繼續說：「有伙漢族人，他們很聰明，連挖掘機都能運到加熱薩。」

在墨脫，除了旅行者，還有另外一種外地人，他們是專門從事搬運工作的背夫，他們依靠自己強健有力的身體，而不是現代運輸工具，幫助人們把一些大型設備和家用電器運到更為偏僻的鄉村裡。

最近，從甘登鄉到村子正在修條路，這是一個好消息，但鋼琴不能等到公路修通了再搬。於是，丹曲決定給那伙聰明的漢族人打個電話，丹曲擔心，他們也不願意接這個活兒。

正在宗榮村搬運挖掘機的漢族人接了丹曲的電話，了解到貨物是立式鋼琴重五六百斤、長兩米、高一米，肯定地回覆：沒問題，並約定第二天在宗榮村見面。

第二天，丹曲很早就從加熱薩出發去宗榮鄉，想到就要見到他心心念念的鋼琴，想到有人能把鋼琴運到學校，丹曲就禁不住地想對著雪山歌唱。從宗榮村到扎熱薩鄉，就算是本地人也要走上兩個半鐘頭。沿途都是馬道，沿峽谷深入，會經過懸崖路段。然而，丹曲腳步輕快地奔向宗榮村，路上果然遇到正在修路的工人，也有用騾馬運貨物的村民。

這群漢族背夫的確很有經驗，他們仔細地將鋼琴打包。因為接下去的道路會遇到泥濘、河流、石塊，還有荊棘，任何一點小剮蹭小磕碰都

| 眾人扛著仔細打包過的鋼琴艱難前行

| 歷盡千辛萬苦，鋼琴終於完好無損地到達學校

會傷害到鋼琴。八個壯漢喊著號子起抬，他們手拉著手，有的扶著對方的肩互相借力支撐，丹曲前後左右地照應著，時時提醒每個人腳下要小心。

「你有病吧，運臺這麼重的鋼琴到山裡。」中間休息的時候，他們一起閒聊起來。丹曲只是笑，他並不指望所有人都能理解他。為了買鋼琴這個事，村子的爭議也不小。

「我來墨脫也有十三四年了，從一來就幹這個。」背夫的頭兒說，「現在公路通了，活兒也沒以前多。我就開個小賣部，偶爾接點活兒，這次運挖掘機已經四個半月了，有時候，我都絕望了，不想幹了。但咬咬牙又堅持下來。」

丹曲同樣好奇他們是如何把挖掘機那麼龐大的一個機器弄到山裡的。「把機器拆散了，有的地方還要炸山開路，運到指定地方再組裝起來。現在很多零件都還沿路放著呢。」丹曲想起路上看到的那些機器零件，原來就是他們正在運輸的挖掘機。

「不要太快，穩當地走，照著一個節奏走。」重新上路，那個背夫的頭兒還在不斷地提醒每個人，因為他們腳下的路原本只有人和騾馬能走，現在他們抬著一個巨大的鋼琴，如果不小心沒踩穩，有可能連人帶鋼琴一起掉到下面的雅魯藏布江裡。江水正在山巒之間滾滾奔騰，發出了轟然的巨響。

走過一段剛剛開鑿出來的山路，一切還算順利。可是沒走多遠，前面修路的施工隊擋住了一行人的去路。人可以給他們讓路，但挖掘機卻不能。工人指著下面一條隱約可見的白線說：「你們只能走那條騾馬道，從這裡下去比較近一些。」

看著通往騾馬道的山坡，砂石和雜草掩蓋著路面，腳下鬆軟無比。

｜ 鋼琴的到來，讓完小的孩子們興奮不已

丹曲有點擔心地說：「鋼琴會不會掉下去？」

背夫們肯定地說：「沒事，就從這裡下去吧。」

下山的路，後面的背夫幾乎是坐在地上溜下去的，因為要以保持與前面一致的高度，這樣兩頭力量才能平衡，前面的人也不能因為承受過重的重置而往前倒。

又過了一座原木架起的小橋，走了一段驛馬道，終於快看到終點了。大家突然覺得肩上的鋼琴輕了不少。這時的一行人大汗淋漓，卻又精神百倍，雖然為了保護鋼琴而安裝的木板都鬆了。何止是木板鬆了，丹曲的腳也打起了大泡，他一瘸一拐地跟在後面，臉上卻是止不住的笑意。

當鋼琴完好無損地放在教室門口，丹曲激動地流下眼淚，他給每一位背夫一個大大的擁抱。帶著孩子們一起唱起了那首《邦錦梅朵》的歌。

這次有了鋼琴伴奏，這次是唱給這些背夫聽的。

｜ 丹曲和孩子們在鋼琴的伴奏聲中唱起了《邦錦梅朵》

| 去年遇到的一頭年邁的犛牛，今年再見，已經是一具屍體了

藏北無人區的野生保護員

藏北有一片無人區，那裡有戈壁、湖泊、雪山，是野生動物的樂園，到處是藏羚羊、黃羊、野驢、野犛牛。這裡的普若崗日冰川被譽為「地球第三極」，是除了南北極之外，緯度最高的冰川。多吉才巴一家就生活在這裡。

普若崗日冰川是羌塘國家保護區的核心區域，多吉才巴是三個孩子的父親，同時也是這一片域的野生保護員，除了要放牧家裡的四百頭羊，每年的五至十月，多吉還要在保護區裡巡查，一個月至少要巡視十多次。

這一帶的野生動物最多，巡防區也很大，離多吉最近的牧戶也在五

十公里外,是他巡邏必須到達的點。只有在那裡簽完字,一次巡邏才算完成。每次多吉騎著摩托車出門都是一整天。在這期間,多吉只能用對講機跟家裡聯繫。巡查時,有時還會碰到狼、熊等猛獸。曾經有一次在巡邏的路上,多吉就遇到一頭脾氣暴躁的野犛牛,怒氣衝衝地將多吉的摩托車頂翻,幸虧多吉躲閃得快,才沒受傷。

今年三十八歲的多吉才巴,已經有八年的野保員生涯。他熟悉生活在這個區域裡所有的動物,能說出一群野犛牛中誰是領導、誰的脾氣最暴躁、誰最懶。一年前,多吉曾經見到過一頭犛牛在吃青草,那是一頭大概二十七八歲的犛牛,體量非常大,年紀也很大了。而一年後再見到這頭犛牛時,已經成為戈壁上的一具正在腐壞的屍體。多吉仔細檢查了它的屍體,推測這頭犛牛是在喝水時陷進了沼澤,年邁的身體讓它無法及時逃離而死的。

多吉每月的工資六百元,但是要買汽油,加上摩托車的損耗,並不賺錢。多吉已經騎壞了一輛摩托車,現在的是又買的一輛,雖然也很舊。

一直以來,多吉希望工資可以漲到一千元,希望有一臺相機可以拍攝野生動物。另外,被動物咬死牲畜也需要拍照,這樣才能到政府部門領取補償。

在這片無人的戈壁上,多吉家的黑帳篷尤其顯眼,孩子的啼哭聲從帳篷中傳出,在荒茫的曠野裡更加淒厲。多吉最小的孩子躺在妻子的臂彎裡,一雙稚嫩的小腳在空中無助的蹬踏,妻子在小小腳踝的潰爛處擠了幾滴乳汁,但依然沒有緩解孩子的疼痛。妻子心疼而又無助地抱著哭泣的孩童,嘴裡哄著「可憐了,被燙的寶貝。」

| 冬日的藏北無人區

| 每次巡邏，多吉都孤身一人，一路上只有荒原、冰雪和偶爾出現的動物陪伴

多吉的女兒在家門口

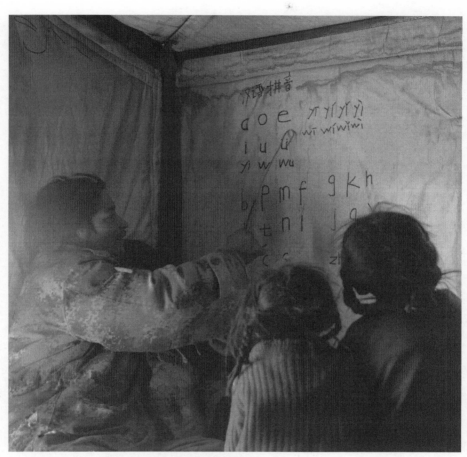

| 空閒的時候，多吉會親自輔導孩子們漢語拼音

不久前，兩個小姐姐不小心弄翻了熱水壺，滾燙的開水正好澆在了小妹妹的腳踝上。多吉出去巡視，妻子在帳篷外忙碌，等發現時，傷口已經有些潰爛了。

實在沒辦法，多吉下決心帶著受傷的孩子去八十公里外的縣醫院讓醫生看看。騎著他巡山的摩托車去，要天晚才能到達。家只能留給兩個剛剛上小學的孩子看管。

醫生看完孩子的傷情，責備多吉他們來得晚了，希望他們能讓孩子入院治療。如果傷口再有感染，那就會危及生命。可是家裡還有羊和孩子要照顧，而且入冬前，多吉還有巡山的任務，多吉只能求醫生給開點藥。

從醫院回來，吃過藥的孩子稍稍安靜了些。多吉抽空看了兩個孩子的課本，他決定自己輔導兩個孩子的漢語拼音。妻子在一旁抱著最小的孩子，黑帳篷裡只有他和兩個孩子念拼音的聲音，連戈壁上的風也停了下來，像是不想打擾這一家難得的寧靜。

沒過多久，多吉又去巡查了，他一一告別了妻兒，騎著心愛的摩托車出發了。一路上沒有人煙，只有荒原、冰雪和偶爾出現的動物陪伴。不過，這次他有了一個新設備——一臺長焦相機，這樣他會更好地記錄下這片動物天堂的變化。

| 羌塘國家保護區是野生動物的樂園，也是多吉的樂園

| 藏戲的傳承人次旺多吉

藏戲師傅的心願

　　次旺多吉是當地有名的藍面具藏戲團的團長，今年已經七十五歲了，他最放心不下的是，二十六歲的小兒子朗傑是否能夠將藏戲傳承下去。作為當地有名的藍面具藏戲團的團長，次旺多吉目睹著這一傳統戲劇從輝煌走向沒落。

　　作為阿爸最小的兒子，朗傑一直沒有離開過阿爸，沒有離開過出生成長的這片土地。他喜歡這片春天長滿青稞的土地，喜歡雪山環繞的村莊，也喜歡村莊邊的那條奔流的江。

　　清晨，當屋頂的第一縷桑煙騰空而起，他就跟著阿爸到了江邊，「我

是國王的兒子，是成大器的人。」阿爸唱一句，朗傑就學一句。阿爸說，水聲能襯托人聲，是一種天然的舞臺效果。如果是夏天，江水流淌的聲音更大，不僅可以襯托傳唱的人聲，還可以積更大的功德。江水把傳唱的聲音帶到更遠的地方，就像風吹動風馬旗。

藏戲是以藏族民間歌舞為基礎發展而來的，最早是以傳播佛教故事為主要內容。傳說，那個教會藏族人建橋修路的唐東傑布就是藏戲的祖師。一鼓一鈸敲擊出來的節奏，伴隨著藏族漢子粗獷、高昂、嘹喨的歌聲，簡潔有力的舞步更舞出這個民族堅韌而又勇敢的精神。《文成公主和赤尊公主》《諾桑王子》《朗薩雯蚌》《蘇吉尼瑪》《卓娃桑姆》《白瑪文巴》《頓月和頓珠》《赤美更登》是傳統的八大藏戲。而無論是哪一出藏戲，首先出場的是一定是頭戴面具、一身盛裝戲服、手持彩箭的獵戶。

「你現在還沒有找到調，沒有調就像平常說話一樣，這就不是傳唱了。」迎著山頂愈來愈深的那一抹紅，父子倆踏著風聲、水聲朝家的方向走去，年邁的父親想把一生中關於藏戲的經驗全部都傳給朗傑，而朗傑內心有些壓力。村裡像他這樣年齡的男人大都出外打工掙錢去了，朗傑則選擇了在家務農，平時跟著父親學藏戲。聽父親講藏戲的時候，朗傑就像一個羞怯的孩子，他努力記住父親的每一句話，因為他知道，那不僅是父親的經驗，也是世世代代藏戲師傅的心得。

從河邊回來的父子倆，把犛牛趕到地裡，春天正是播種的好時候。朗傑負責趕犛牛，父親跟在後面把種子撒在地裡。父親年紀大了，有時會跟不上節奏，就像朗傑現在還跟不上藏戲的調一樣。

朗傑不是父親唯一的藏戲徒弟，村裡很多人都跟著父親學習藏戲，他們有的已經學有所成，是父親領導的藏戲團的主要骨幹。藏戲團不僅

│ 藏戲團出發了

為本村人演出，還要到周邊的村子或者寺廟演出。

這兩天，藏戲團接到甘丹曲隆村和楞登寺的演出邀請，父親便逐一給藏戲團的成員去電話，通知他們參加演出。電話一個一個地撥出去，但有的人外出打工，沒有時間回來；有的已經參加了別的演出脫不開身；還有的因為其他的事情耽誤了。不過，羅布仁增、化堆貢巴、次旺多吉、次且朗傑都參加了這次演出，兩臺手扶拖拉機滿載著藏戲所需的樂器、服裝和道具，所有的演員，以及他們自帶的乾糧和被褥。

「不要忘了煤爐和鍋。」臨出發前，父親再一次提醒裝車的人。藏戲團的演出是自發的，並不掙錢，所以，除了演出的行頭，所有的日常所需都由團員自己準備。

父親坐在第一輛車裡，囑咐把唐卡掛在車廂的正面，還要用風馬旗圍滿車廂，這是藏族人出行的必備行頭，既是保佑一行人的安全，也是藉助高原上的風吹動經幡，積攢更大的功德。

演出的消息早已不脛而走，曲隆村的村民們扶老攜幼地聚到一起，圍著唐卡坐成一個圈，舞臺的中央就是唐卡所在的位置。父親認為朗傑的學習成果還不足以面對觀眾展示，所以，他主要負責道具、服裝，這也是一個重要的工作，也便於他儘快地熟悉藏戲演出的流程。即便這樣，父親還是不忘抓緊一切機會傳授經驗，每個腔調、一招一式，一邊比劃，一邊講解。任何古老的民間藝術都是這樣一代代口傳身教地傳承下來的。

「感謝所有的領導、村民！」朗傑遠遠地站在一旁，看著身著藏服的父親致開幕詞，這些話他早已爛熟於心，但父親依然一字一頓地說著，就像他第一次聽到的那樣。雖然，父親現在已經不再演出藏戲中的任何

｜ 每次演出，藏戲團都要帶齊所有日常所需，因為演出是自發的，並不掙錢

一個角色，但哪怕只是致開幕詞，只是把控整個演出的節奏，父親也一定要穿戴整齊地站在旁邊。

藏戲比重大節日裡表演的羌姆形式更活潑、內容也更日常，又比參與性強的弦子和鍋莊有情節，所以一直以來都是藏族人日常生活中重要的娛樂節目之一。席地圍坐的觀眾隨著演員的表演時而會心而笑，時而捧腹酣暢。這是次旺多吉最樂意看到的，因為這說明他們的努力得到了觀眾的認可。後臺，朗傑則偷偷戴上面具，逗趣村裡的小孩子們。

「我們演藏戲的收入是村民送的糧食，不管收到多少或者沒有收到，都要認真地演，不能抱怨。」

夜深了，辛苦一天的演員們都睡了，明天還有一天艱苦的路途和演出。父子倆就著透進窗戶的微弱月光聊著天，靦腆的朗傑總是默默地聽著，很少插話。

「我今年已經七十五歲了，隨時都可能去了，」聽到父親這樣說，一直沉默低頭的朗傑不禁抬眼看了看父親。在他的眼裡，父親的確老了，頭髮和鬍子都已經白了，背也駝了，但身子還挺硬朗。

「把藏戲傳承下去就是我的願望，父親傳兒子，師傅傳徒弟，一直傳下去。」在靜謐如謎的星空下，父親蒼老的聲音傳得很遠很遠。

楞登寺的演出除了吸引了寺裡的喇嘛外，也吸引了周邊的村民。這次，次旺多吉決定讓朗傑也加入演出中，讓他先參與群舞，跟在第一位藏戲演員的後面，一邊模仿一邊積累經驗。

次旺多吉也在旁邊不斷地提醒朗傑：「不要躲在別人的後面，要機靈點。」朗傑很高興有了上場的機會，雖然有些小瑕疵，但他全程都面帶微笑，雖然有點怯生生，但他的笑容很溫暖，就像高原上的陽光。

「好好說唱和歌頌一下我的棍子，早上一起陪我起床，晚上陪我一起

| 藏戲形式活潑，又有豐富的情節

| 來源於民間歌舞的藏戲有著輕鬆詼諧幽默的一面

睡覺，是我翻山的梯子，是我過河的橋，環遊世界的夥伴，是我工作的助手。」來源於民間歌舞的藏戲有著輕鬆詼諧幽默的一面，它的民間氣質也是始終被藏民們喜歡的原因之一。

「祝願像我一樣的佛教徒，不受乾旱的災難，每年都會豐收。為了這些我們進行吉祥的祭祀，索～～～索～～～佛祖永盛！」次旺多吉帶領演員們以這樣的吉祥祝福結束了演出。

老樹下，次旺多吉盤腿席地而坐，而且唸唸有辭地在面前的黑板上寫下藏戲團這兩天演出的收入清單：啤酒兩箱、酥油十三斤。生活在高寒地區的藏族一生都離不開酥油，酒也是這個民族比較熱衷的飲品。如今的觀眾不再以糧食作為給演員的報酬，而是改為啤酒、酥油一類的東西。「我必須公布所有的收入，而且平均分配給每一個人。每人四罐啤酒、一斤酥油。」

以現在的收入水平，外出打工，一人一天收入二四○元是完全可能的，所以很多人不願意參加藏戲演出。

次旺多吉經常說：「我們演出不是為了收入，如果只是為了收入，打工能掙得更多。只要大家願意看我們演出，就算沒有收入也要認真負責地演。」

腳邊堆放著啤酒和酥油的演員都安靜地聽著，他們能放下手中的農活或者放棄打工的機會，跟著次旺多吉來演藏戲，肯定是認同他對藏戲的熱愛，對傳統的傳承。但是，次旺多吉仍然鼓勵大家要意志堅定。

演出結束後，次旺多吉帶著朗傑來到了拉薩。他們此行不止是為了拜謁布達拉宮，還因為要給朗傑置辦一身新的行頭。如今，邊遠地區的

｜ 觀眾隨著演員的表演時而會心而笑，時而捧腹開懷

｜ 藏 戲 ｜

　　據傳，藏戲起源於六百多年前，脫胎於西藏藏戲的還有青海的黃南藏戲、甘肅的甘南藏戲和四川的色達藏戲，所以，藏戲又被稱為藏文化的「活化石」。從宗教藝術中分離出來的藏戲，以唱為主要表演形式，還有誦、舞、表、白和技等不同的程式，相較宗教藝術而言，表演更為生活化。

　　藏戲分為白面具戲和藍面具戲，還有獨角戲，但演員基本不化妝，都是戴著面具表演，以藍面具藏戲為主流。藍面具戲又因地域差異而形成了覺木隆藏戲、迴巴藏戲、香巴藏戲、江嘎爾藏戲四大流派。演出一般有三個部分：第一部分為「頓」，也就是序幕，第二部分「雄」為正戲部分，第三部分的「扎西」意為告別祝福。

　　噶舉派高僧唐東傑布被奉為藏戲鼻祖，在他主持營建據說是西藏的第一座鐵索橋時，在民工中發現了七個能歌善舞的姐妹，遂在白面具戲的基礎上發展成了藏戲，所以藏語裡藏戲被稱作「阿吉拉姆」，意思就是仙女。十七世紀以後，藏戲已經形成了一套系統完整的藝術形式，成為中國戲曲中的一個特有的劇種。

人們也開始接受更為簡易的現代服裝，藏戲的戲服因為製作複雜，會做的人已經越來越少了。次旺多吉知道，世道已經變了，外面的誘惑也多了，如果沒有堅定的意志，藏戲的演出也會舉步維艱的。

　　服裝店裡，那套獵戶的戲服和面具，次旺多吉還算滿意，但是缺一根彩箭。在所有的藏戲中，獵戶都是第一個出場的，他頭戴面具，手持彩箭，昭示著一出藏戲的開始。次旺多吉希望獵戶的戲服和面具能儘可能完美。試穿戲服的時候，次旺多吉認真仔細地給朗傑示範了獵戶出場的步伐和唱調。誇張的面具完全遮住了朗傑的臉，他只能透過面具上鏤空的兩隻眼睛看著父親，戲服讓他的動作更顯生疏和笨拙，但看得出來，他的一招一式都用心。

| 所有藏戲中，獵戶都是第一個出場的，昭示著一出藏戲的開始

| 在當惹雍錯和達果雪山前煨桑的邊巴

文部南村的笑容

　　羌塘高原的腹地，是古老的象雄王國故地，也是苯教的發祥地。坐落在王宮遺址三十公里外的文部南村，面對著美麗的當惹雍錯和連綿不絕的達果雪山。在文部南村村民心裡，那是苯教的神山和聖湖。

　　這些年，越來越多的外地人來到文部南村，他們被眼前的風景迷住了，有的人還留了下來，住進了村子裡的家庭旅館。

　　離旅遊旺季還有三個月的時間，邊巴想在村頭的空地上豎一個巨大的廣告牌，讓旅遊車一拐彎，看到的不僅是湖光山色，還看到「有個美麗的地方叫文部南村」，這樣就會有更多的人進村子，住進家庭旅館。

│ 雍仲奶奶滿是褶皺的臉被高原的太陽曬得黝黑黝黑的

　　邊巴找來畫了七年畫的弟弟石秀平措幫忙。「以前你只是在村裡的門頭上畫雲彩，現在你可以把你的雲彩畫給全世界看。」但這個想法得先得到村長的允許。

　　村長十分不理解：「沒有利益、沒有私心，你自己花錢在這裡豎個牌子，是不是有病？」

　　不過，最終邊巴還是說服了村長，他只是希望通過這個牌子讓更多的人知道文部南村，然後有更多的人來這裡旅遊，住進家庭旅館。

　　邊巴兄弟二人又一起到文部寺拜訪了正在閉關的苯教上師旦巴江村，請上師卜算立廣告牌的動土吉日，上師還答應派僧人在立桿動土之前做一場法事，以避免打擾土地神並且驅邪祈福。

　　因為經費有限，邊巴與老闆鬥智鬥勇，花了八百元買了三根城裡淘汰的電線杆，接下來，就是廣告牌上的內容。「小才子」把佛塔、達果雪山、當惹錯和文部南村房子畫在一起，但這不是邊巴想要的。

　　邊巴認為，如果畫上的內容和眼前的一樣，人家為什麼還要看你的廣告牌？每個村子都有自己的特點，而人在這裡面是最重要的因素，外來的人一看到人的笑臉，都想知道這背後的故事，就會停車進村，然後就會住下來。比如，頓珠的孔雀舞、雍仲奶奶的做夢占卜，還有旺堆家的神奇帳篷。最終他們決定要把文部南村人的笑臉放在廣告牌，讓外面的人第一眼看到他們的笑容，就看到這個充滿歡笑的村子。

　　邊巴決定先從採訪雍仲奶奶開始。

　　這位穿一身吉祥白袍的八旬老人，滿是褶皺的臉被高原的太陽曬得黝黑黝黑的。她總是一臉笑容地坐在自家門前，等著村裡有難處的人來找她幫助，而她幾乎不會讓人們失望。

| 文部南村面對著美麗的當惹雍錯和連綿不絕的達果雪山

老人講述著自己的故事:「三十多年前的一天,我家的羊跑丟了,晚上我夢見那隻走丟的羊跟我說,它想回家。第二天,順著夢裡的提示找到了羊。以後就總是做夢,做了數都數不清的夢,而且夢見的都成了真。我夢見穿著用孔雀羽毛做成衣服的斯巴嘉姆仙女,她很美,頭上還戴著花,說著苯教的古老語言,她能呼風喚雨,是苯教的守護神。是她告訴我這一切。」老奶奶的笑容充滿了幸福和吉祥,雖然,張開嘴她已經沒有一顆牙齒。

邊巴想到的第二個人是旺堆。

現在村裡人都建起了新房子,開起了家庭旅館,沒有人願意再住在冬天沒有暖氣、四處漏風的帳篷裡,但旺堆卻一直守著他家那頂傳了四代的黑帳篷,幾乎成了村裡的一景。這頂黑帳篷看上去跟別的帳篷沒有什麼區別,只是頂上有面紅色的旗子,旺堆說,那是帳篷的護身符,也是神仙娜娜的衣服。這位神仙是一棵頭插紅旗的古老柏樹,守護著村莊和村裡的牛羊,是村裡人都敬重的神。

「這頂帳篷傳到我已經第四代,我生下來就住在這裡,所有的事情都發生在裡面。雖然它已經又老又破,但有著神奇的力量。爺爺和爸爸都告訴我,不能拆掉它,否則會有人生病或者死掉。有一年,我拆掉帳篷,然後就生了一場大病。搭建帳篷的時候,一切都十分順利,牛羊也生了很多崽。我今年六十了,不知道還能活多久,但家人平安,今年孫子還考上了高中,我覺得特別幸福。」笑容蕩漾在旺堆的臉上,那張飽經高原風霜的臉,安詳而又滿足。

「索哦呀啦,
我是最美的孔雀,我來自天堂一個美麗的地方,

頓珠的孔雀舞是文部南村的一張名片

我是吉祥的孔雀，把美好帶到人間，

我是聰慧的孔雀，我知道所有的祕密和通往未來的門，

我會帶你進入最美的未來。」

頓珠的孔雀舞是文部南村的一張名片，他甩著長長的袖子，唱著高原的民歌，在五千米的高原上跳著這種很少人會跳的仿生舞。落暉照在他的身上，仿若一隻開屏的孔雀落在了湖畔。

「笑起來，露出你的金牙。」鏡頭後面的邊巴說，有些氣喘的頓珠笑得更歡了。

幾天後，有著雍仲奶奶、旺堆和頓珠笑臉的大廣告牌在湖邊立了起來，車還在很遠的地方，人們就會看到這個充滿笑容的村莊，上面還有一行大字：歡迎來到文部南村。

據說，「文部」藏語的意思是「牛奶泡」。沸騰的牛奶鼓起來的泡，消失又鼓起，鼓起又消失，就像象雄古國和古老的苯教，在歷史長河中大起大落，命運多舛，但文部村人笑迎每一天，笑迎生命中的每一個日子。

| 旺堆家傳了四代的黑帳篷是村裡一景

| 人們終於可以看到這個充滿笑容的村莊

｜ 賽馬冠軍諾拉

日土賽馬會的騎手

　　日土是一片被湖泊環繞的土地，半牧半耕是這裡的傳統。日土的馬和騎手在整個西藏是首屈一指的，大大小小的比賽中，日土算是得獎專業戶。不過，現在因為搞旅遊，公路修到了村口，汽車也取代了騎馬，這裡的年輕人到外面打工上學的越來越多，有的人可能就再也不會回到故鄉，回到馬背上了。

　　四十三歲的諾拉曾經是遠近聞名的騎手，連續幾年，他都是賽馬會上的冠軍，只要他一出場便無人能敵。但是現在，他覺得自己不年輕了，希望二十歲的兒子洛桑能夠接過他的榮譽。成為草原上優秀的騎手

是一個男人無上的光榮。

一連幾天，諾拉都在訓練兒子的騎術，希望他在不久之後的賽馬比賽中一舉奪冠。

西藏一年中有很多地方有賽馬活動，尤其是藏曆五六月，大地返青、格桑花開，騎手們都要聚在一起切磋技藝。競速跑馬是賽馬中的第一項，將由冠軍帶領所有的騎手向觀眾致意。接下去是花式表演，就是傳統的拾哈達，騎手必須在疾速奔跑的馬背上，俯身拾起平攤在地上的哈達，拾到最多者方為獲勝者。這一項最考驗騎手的膽識和技術，也是這些天諾拉一直對兒子進行訓練的項目。

「快拿到哈達時，別把馬嚼子拉得太用力。」諾拉跟兒子說。

雖然心裡明白，但是要在飛奔的馬背上全身放鬆，兩手都放開韁繩，俯身去抓起地上的哈達，兒子心裡還是害怕。

「身體往下倒的時候不要害怕。心裡害怕是不行的，要想著哈達。」諾拉對馬背上的兒子說。已經跑了幾圈都以失敗告終的兒子有些灰心，他是第一次參加賽馬，對於拾哈達這個環節，心裡始終沒有底。但是諾拉不允許他放棄，他把這次賽馬看成是兒子成長為一個真正男人的儀式。「一匹馬、一桿槍、一把刀」曾經是牧區男人闖世界的所有裝備，他要看著兒子繼承草原男人的傳統，希望在兒子的身上看到傳統的延續。

第二天，訓練繼續進行，儘管洛桑表示想要放棄，但諾拉還是不同意。「不吃苦，就不可能做到。」他翻身上馬親自為兒子進行示範。「騎手要跟馬成為一體，穩住自己的身體，不要往前傾，這樣就能完成動作。那時候，我拾起所有的哈達，肩上都掛滿了哈達。」那是諾拉騎手生涯中最輝煌的時期，他還記得人們的歡呼喝采，也記得對手對他投來的

| 半牧半耕是日土的傳統

| 日土是一片被湖泊環繞的土地

佩服與尊敬的眼神。

村子的另一頭，幾位參賽者聚在一起選羊殺羊，準備做傳統日土大餐。大家都在猜測第二天的比賽誰會得到冠軍，是諾拉，還是騎著好馬匹的格桑。

格桑是村裡另一位賽馬高手，也是往年諾拉最強勁的競爭對手。雖然諾拉是往屆冠軍，可是格桑對自己很有信心。在他看來，諾拉的馬太老了，會嚴重影響諾拉的水平。格桑還要兒子去看自己賽馬。兒子問為什麼？格桑說：「因為賽馬是男人很重要的事。」

比賽當天，隨著一陣鼓點聲起，騎手們開始在寺廟下煨桑，這之後比賽便正式開始了。第一項是競速跑馬，選手們排成一排站在土線後面，隨著裁判的口號，騎手們紛紛衝了出去，騎著馬向終點跑去。一路煙塵滾滾，有的掉隊了，有的衝到了前面。當第一匹馬衝過終點線後，觀眾群裡一陣歡呼，今年賽馬的冠軍產生了。等到所有馬匹到達終點，便由冠軍帶領著馬隊進行花式表演，向觀眾致敬。

第二項比賽是馬上拾哈達，也是諾拉帶著兒子練習了很久的項目，而諾拉也一直是此項目的冠軍。今年父子齊上。作為冠軍諾拉第一個出場，發揮穩定，除了兩條哈達，其他的都拾了起來。而兒子因為經驗不足，沒有取得好的成績。不過最終，諾拉的競爭對手格桑以一條哈達的優勢超越了諾拉，成為今年賽馬節的黑馬。

賽馬會結束了。諾拉和兒子牽著馬走在回家的路上，背影有些落寞、有些蕭瑟，但仍不失堅強。

| 諾拉在雨中訓練兒子的騎術

| 賽馬會 |

賽馬會是藏北地區最重要也是最盛大的傳統節日，每年藏曆六月舉行，
為期五到十天不等，以那曲的藏北賽馬會規模最大，當雄和定日也有賽馬
會。賽馬、射箭，以及各種馬術表演是傳統的項目，各地的《格薩爾》說唱
藝人也會前來演出，另外，就是大型的物資交流活動。賽馬會早在二〇〇八
年就進入了國家級非物質文化遺產名錄。

另一個與馬有關的節日是江孜的達瑪節，但這個節日起源於祭祀白居寺
和白居塔修建者，是從最初的宗教活動為主的節日演變成了賽馬為主的節
日。這個節日從藏曆三月三十開始直到四月十八。

心｜願

│ 多吉扎巴和他的八戶人合作社

多吉扎巴的製鞋生意

　　見多吉扎巴在燈下納鞋底，老阿媽笑得臉上的皺紋都擠在一起，「小心錐子扎了手。」她用手掩著掉光牙的癟嘴，忍不住地樂。多吉扎巴說要去拉薩賣掉鞋，阿媽笑得更厲害，她不相信外面的人會希罕他們的牧靴，那都是牧民冬天為了保暖才穿的，城裡人怎麼會喜歡。她一邊笑一邊搖頭。

　　位於岡底斯山和色林錯之間的申扎縣是典型的藏地牧區，這裡的牧靴自古就有名氣，這不，牧鞋製作被批准為縣非物質文化遺產項目。多吉扎巴是申扎縣下過鄉四村的村支書，也是傳統牧靴的製作傳承人。當

年，多吉扎巴的父親就是納倉部落有名的手藝人，多吉扎巴從父親那裡學到了製作藏鞋、藏袍的手藝。為了保護傳統技藝，他聯合了八戶人家組成合作社，製作傳統牧靴、服飾、頭飾。

現在大家都願意穿外面來的膠鞋、運動鞋、登山鞋、皮鞋，特別是到外面上學回來的孩子們，回來就找家長要錢買阿迪達斯、耐克什麼的。在多吉扎巴看來，這些鞋是好看，穿起來是方便，但是怎麼都不如藏靴暖和。藏靴都是用上好的羊毛、牛毛紡成線織成材料，外加上好的皮做成的，每一針每一線都很講究，鬆了容易開，緊了穿在腳上不舒服。一雙靴子一個熟練的工匠要七天才能做好，穿著靴子，冬天就不會凍腳。

這天，多吉扎巴召集做鞋小組的人開了個會，「讓你們來開的這個會是關於我們手裡做靴子的技術。我們有技術，但一直都沒有傳播出去，靴子賣到附近，一是範圍小，另外人數也少，所以，我們應該把靴子賣到拉薩，至少也要賣到那曲。」

賣鞋這事自從成立做鞋小組，多吉扎巴就已經在想了。他想打開銷路，讓更多的人知道他們的牧鞋。在他看來，做鞋本來只是藏族人的習慣，但是如果做好的鞋不只是給自己穿，而是賣出去，就能增加一些收入。按距離來說，申扎離日喀則和那曲要近一些，但拉薩的人多，應該更容易賣出去。只是拉薩遠，剛剛組建的這個團隊也沒有什麼資金，連做鞋的材料都是大家湊錢買的，況且也沒有自己的交通工具，如果去到拉薩賣不出去，那麼每個成員都要蒙受損失。所以，多吉扎巴今天召集大家不是為了做鞋，而是要討論如何將做好的鞋賣出去的事。

多吉扎巴和大家說：「我的意見是去拉薩賣我們的鞋，而且就在新年

| 每個人都在為藏曆新年的賣鞋行動趕製牧靴

前後去，這個時候拉薩人多，如果能賣出去，我們就能把做鞋的成本掙回來。」

見大家對賣鞋的事沒有太多的反應，多吉扎巴接著說：「我同意去拉薩賣鞋，即便賺不回本錢，我也沒意見。」

團隊裡比較年輕的達娃先表達了自己的意見，隨後大家也就七嘴八舌地表示了同意。接下來是價格問題，以前賣一雙牧靴相當一隻羊的價錢，現在羊的價格是一千元左右。而一千元讓大家感覺太貴了，他們為銷路感到一絲惆悵。

由於藏靴很難作，費時費料，而且現在原料都不好找了，又是全手工製作的，如果還按賣給牧民的價格五百元大家肯定是掙不到錢的。多吉扎巴說：「我們去拉薩賣也是為了把我們的鞋傳播出去。」大家討論後決定把靴子的定價一雙八百元，然後每家做一雙，一共八雙。

「我們要有信心能賣出去，今年去拉薩賣，明年就賣到國外了。」多吉扎巴的話引來一陣笑聲，這裡面有興奮，也有質疑，畢竟，這種事在村裡還是頭一遭。

第二天，多吉扎巴又召集了村民大會，家家戶戶地出了代表，圍坐在村前的空地上。

多吉扎巴說：「大家早上好。今天是總結大會，上一年村裡的畜牧生產取得了一定的成績，但是手工藝方面，按收入來看成績一般，但是製作藏靴是對民族文化的傳承，是一件非常有意義的事，現在牧靴還成為縣級非物質文化遺產項目，我們更有責任讓這個傳統手藝得到復興和發揚。現在我們決定做八雙鞋，賣到拉薩去，這也是為了讓我們的牧靴讓全世界都知道。希望得到大家的支持。」多吉扎巴的話贏得了大家的掌聲。

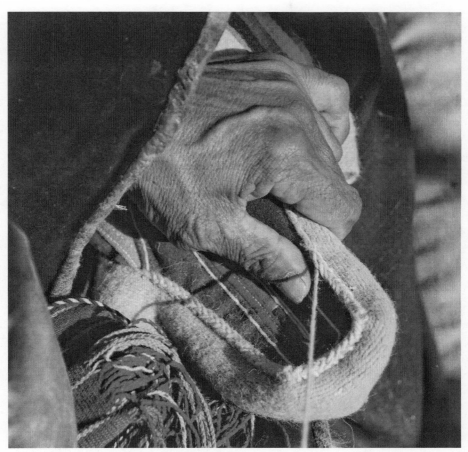

| 每一雙牧靴都是一點一點純手工裁製而成的

接下來，多吉扎巴和其他做鞋小組的成員都開始著手做鞋紡線、編制氆氌，將羊毛絮揉成納欽（靴筒中間的羊毛氈），把買來的布吉（彩色的羊毛氈）縫到一起，用羊毛線編製成塔蘭（鞋邊），再將買來的紫色羊毛氈剪成桑鈸（鞋面前部的兩個尖兒），用羊毛線編織成巴壘（鞋邊上面的一整條筋線），把買來的紅色羊毛氈剪成東夾、藍色和綠色的羊毛氈剪成東臼，而靴筒最中間的五色那渣是用買來的五彩的羊毛氈製成的，這些小塊兒從下往上依次代表：幸福、快樂、痛苦、幸福、快樂、痛苦、幸福、快樂，而小塊兒的數量不能是三、六、九，最後把牛皮曬乾、鞣好，剪出斗罷（鞋底）的形狀，最後縫製到鞋邊上，一雙叫希布察的牧鞋就是這樣，一點一點純手工裁製而成的。

見多吉扎巴在燈下納鞋底，老阿媽笑得臉上的皺紋都擠在一起，「小心錐子扎了手。」她用手掩著掉光牙的癟嘴，忍不住地樂。

「看我做得好不好？」多吉扎巴把鞋遞給阿媽看。

「好，挺好，比我腳上這雙好。」阿媽繼續打趣道。

「等我從拉薩回來也給你做一雙。」

聽到多吉扎巴他們要去拉薩賣鞋，阿媽笑得更厲害，她不相信外面的人會希罕他們的牧靴，那都是牧民冬天為了保暖才穿的，城裡人怎麼會喜歡。她一邊笑一邊搖頭。

經過幾天的連夜趕製，多吉扎巴他們終於在藏曆新年到來的前夜製作出了八雙精美的牧靴。新年第一天，按傳統的方式，每家都要煮一大鍋的肉，要做糌粑，還要洗頭，一家人還要圍坐在一起禱告。然後，多吉扎巴一行兩人帶著八雙牧鞋，帶著全村人的期望踏上了去拉薩賣鞋的旅程，那一天大家都來為他們送行，祝他們好運。

｜ 很多人都對多吉扎巴的牧靴愛不釋手

到了拉薩，多吉扎巴他們先五體投地地拜了布達拉宮，然後用一輛獨輪車推著八雙牧靴去了八廓街——這裡不僅有大昭寺，而且整個西藏的商人都會在這裡出售自己的貨物，這些年更是外地遊人必到的地方之一。

「八廓街的房子真好看啊！左邊的好看，右邊的也好看。」看著晨光中的八廓街在桑煙的薄霧中曲徑通幽，多吉扎巴不由地感嘆道。然後，他倆找了個地方停上車，開始叫賣。

「這些是我們的共同成果，我們一定要努力賣個好價錢。」

說著已經有人圍了上來。

「這個牧鞋做得很好啊，靴子的形狀多像月亮。」一個穿衝鋒衣的藏族人拿起鞋很在行地評價道，然後，他放下靴子，手伸進了自己衣服口袋裡，但令多吉扎巴他們失望的是，他掏出來的是手機而不是錢包。喇嘛、年輕的藏族漢子、年老的婦女都圍過來，拿起靴愛不釋手，感嘆了現在的人都不會做鞋，但最後詢問完價格後便離開了。

隨著人群逐漸離去，多吉扎巴和鄉親開始有些焦急了。周圍有好心人告訴他們可以到一個沖康賽的市場上賣靴子。他們猶豫著是不是也去那個市場試試，最終多吉扎巴決定還是在八廓街繼續碰運氣。多吉扎巴突然想到一個辦法，把一首大家都熟悉的民歌改成賣鞋的內容，和鄉親一起唱了起來。這招還真好使，一會兒就吸引來了許多遊人。

「能不能便宜得賣給我？」一個年輕的姑娘說著好聽的普通話問，多吉扎巴看得出來，她有些喜歡這雙鞋。

「600 元，行嗎？」她討價還價道，「以後，你們去天津旅遊可以來找我，我請你們吃天津的狗不理。」

| 晨光中的八廓街在桑煙的薄霧中曲徑通幽

| 多吉扎巴他們五體投地地朝拜布達拉宮

　　旁邊看熱鬧的人越來越多，見多吉扎巴沒有說話，姑娘開始掏錢。這是一個開張生意，姑娘高興地離開了，也給了多吉扎巴一定的信心。接下來，生意一單接著一單，還有人問多吉扎巴要連繫方式，希望以後能一起合作。兩個金頭髮的外國人，甚至一付完錢就立馬換上牧靴走起來，這雙鞋使得他們在八廓街上特別顯眼。

　　賣掉最後一雙鞋，多吉扎巴他們走進了大昭寺，那裡供奉著釋迦牟尼的十二歲等身像，他們要去感謝佛祖保佑，要去為村裡的人祈求新的一年健康平安。

| 看熱鬧的人越來越多，生意一單接一單，多吉扎巴懸著的心終於放了下來

| 烏爾朵傳人邊巴

羌塘草原上的烏爾朵比賽

雖已早春二月，但羌塘草原依然寒風凜冽，晨霧像給草原披了一層白紗。每年五月當草返青的時候，這片西藏面積最大的傳統牧區開始熱鬧起來。

賽馬節是羌塘草原一年中最重要的節慶之一，就像一張發往世界的請柬，每年這個時候，賽馬節的草原上人聲鼎沸、牛羊滿布。然而，藏曆新年更是一年伊始的象徵，家家戶戶為此早早開始著手準備。

「從被窩裡爬起來，開會啦！」清晨的涼意還沒有褪去，村長已經召集村委會的成員開會，因為今天他有一件重要的事情需要跟大家商量。

「藏曆年快到了，我們辦個比賽吧！」村長有些不好意思地開口，畢竟這個時節，家家戶戶都為迎新年忙得不亦樂乎。「在黨中央的領導下，我們的生活越來越好，在這樣一個喜慶的節日裡，我們搞個烏爾朵的比賽，你們看如何？」其實，這個比賽是邊巴老爺子提出來的，他是烏爾朵（投石帶）製作工藝的傳承人。烏爾朵是牧民們放羊時用來投擲石頭以控制羊群方向的繩子，每一根都是牧民用羊毛手工編織，紋飾精美、製作講究。

「烏爾朵」可以說是一種古老的武器，早在聶赤贊普時代的牧人們，就用羊毛線來編織烏爾朵。毛線編織一段約一米半長的繩狀物，中間對折部位編有一個小兜，一端則編有一個小環。使用時，將一端的小環套在中指，同時握住另一端的末梢，小兜則裝著石子，揮舞烏爾朵，鬆開末端，藉助慣性將石子便投向目標，用以聚攏羊群或者驅趕狼群。在某些特定時期，烏爾朵也能充當武器。在反抗英國侵略時，烏爾朵就發揮過功不可沒的作用，至今西藏還流傳著有關烏爾朵趕走侵略者的歌謠。

現在牧區人不僅騎摩托車放牧，有時也用步槍一類的武器來保護羊群。「我覺得這個比賽可以年年辦，辦到縣裡、市裡，讓傳統發揚光大。」村長接著說。大家紛紛表示贊同，於是開始商量應該用什麼獎品來表彰獲勝者。

「瓜果梨桃、酥油奶渣，再加幾袋大米、三箱酒。發些好吃的。」有人提議。

「買東西太麻煩，而且像過日子。還是發幾張紅紅的票子吧。」有人反對說。

「還是發羊吧，一公一母，還能生小羊。這才是發『羊』光大呢。」另外的人提出了新的方案，而且把村長「把傳統『發揚光大』」的意思也包括了進去，雖然略略帶有些戲謔，但羊對草原人來說，的確意味著一

| 烏爾朵是牧民們放羊時用來投擲石頭控制羊群方向的繩子

| 最小的選手

筆不小的財富。

於是，村長拍板，確定了發「羊」光大的提案：冠軍三隻羊，亞軍二隻羊，第三名一隻羊的獎勵方案。

村長補充道：「就這樣定下來了，不許耍賴。」

「那靶子有多遠呢？」這時才有人意識到，比賽規則才是最重要的。一百步還是五十步，這在牧人來說，可不像「五十步笑百步」那樣簡單。一百步能打中狼的，基本都是用步槍才能辦到，而一個經驗老到的牧人用烏爾朵打中狼，最好成績也就五十步這麼遠。

「比賽第二，公平第一。」這是村長定下的比賽原則，所以，不論男女老少，每個人只能有一次機會，打中的進入複賽，然後還是一次決勝負。這個規則不是村長以權壓人定下來的，而是一群人經過實際操作定下來的，因為連經驗最豐富的邊巴老爺子也只能在五十步的距離中擊中目標。

「村子裡所有人都可以參加這次比賽，這個主意是我出的，我當然要參加。」回到家，聞訊而來的兒子問邊巴村委會的決定，邊巴回答說：「第三名都能得一隻綿羊哦！」這個消息讓兒子躍躍欲試。「那我也要參加。」他肯定地說。

為了幫助兒子在比賽中獲勝，邊巴決定給兒子做一個新的烏爾朵。從用羊毛紡線開始，編織、縫製，一個經驗豐富的牧羊人都深諳其中的祕密，鬆緊疏密關係到投擲的精準程度。當然，練習也是必不可少的。連邊巴老爺子也在家門口放置了空桶，作為投擲目標加以練習。

一年一度的烏爾朵比賽開始了！男女老少公平比賽，每人打一次，初賽打中的晉級複賽。這天，草原上的風依然很大，但大不過人們參加比賽和觀看比賽的熱情，村長敲鑼宣布了烏爾朵活動的開始，「團結、進步、乾杯！」人們高呼著，不遠處是六隻披紅戴綠等待著獲獎者領回家的綿羊。

| 烏爾朵比賽的獎品

「上靶子。」隨著村長的號令，兩個小夥子抬上了一隻汽油桶，他們把這個被稱作靶子的油桶放在五十步遠的地方，這時人群發出了一陣哄笑。因為這只被提前塗成淡藍色的桶上面畫了一隻大大的灰太狼。這個深入人心的卡通形象，更增加了整場比賽的幽默感，也消解了比賽給選手帶來的緊張和壓力，但烏爾朵的目標也的確應該是一隻狼。

「瞄準了，不要讓這隻狼跑了。」村長的聲音從手中的喇叭裡傳了出來，「準備好了，彈了。」噹噹噹，村長即是這場活動的主持，也是解說，「打烏爾朵的時候，把胳膊從袖子裡拿出來嘍！」「加油啊！想要打得準，袖子捲起來。」「瞄準了，別打了人。」同時，村長還是場外教練。

此時，既是村民又是選手還是觀眾的人群熱血沸騰，一位個子矮小的村民手拿烏爾朵走出人群，「我們的種子選手上場了，別看他個子小，但他可是很厲害的選手。」果然，種子選手不負眾望，旗開得勝。人們被鼓勵著，紛紛上場，記錄員在一旁認真地記錄著大家的成績，女將們也不示弱，表現出巾幗不讓鬚眉的氣概。

意想不到的事情發生了，人群中走出來一位穿藏袍的幼童，他手裡也有一根與他身高相配的烏爾朵，人們的笑聲中有讚許也有鼓勵，這實在是一位令人意外又驚喜的選手。「我的天，還沒有烏爾朵高呢。」雖然，他沒能與成人一樣，打中五十步外的灰太狼，但他的行動鼓勵了其他的孩子，他們紛紛舉起了手中的烏爾朵。

邊巴老爺子和兒子都進入了複賽，可惜，他們都沒能堅持到最後。矮個子種子選手最終力壓群雄，牽走了三頭頂著紅綢的綿羊。

不過，這並沒有打敗邊巴老爺子的信心，他繼續在空閒的時候練習烏爾朵，因為德仁村將每年舉行一次烏爾朵比賽，他依然有機會。

這是比賽，也是向傳統致敬。

| 烏爾朵大賽沸騰

| 改則服飾是拉薩王妃穿過的樣式

非遺傳人索南白吉的堅守

　　改則人也開始穿流行的時裝，可依然有老一輩人堅持製作和穿著傳統的改則服飾。他們驕傲的宣稱，這是格薩爾王妃穿的樣式。改則的森郭服飾的非遺傳人索南白吉就是這樣的堅守人之一。

　　服飾與民居一樣都是因居住環境而產生的，藏族自古生活在雪山環繞、江河奔湧的「世界屋脊」，高寒是這個地區最主要的氣候特徵，而離天最近的距離又讓這裡的人民有著非凡的想像力和創造力，也形成這裡獨特的審美情趣。

　　傳統上，藏區被分為衛藏、安多、西康，但生活環境和生產方式也

存在很大差異，所以藏族服飾的類型極為豐富。以地域來說，有農區和牧區之分，按生活方式區分，農村和城鎮的服飾又存在差別，如果以個人身分地位來說，平民、僧人和達官貴人也有完全不同的類型區分，但藏族服裝給外人的總體印象卻是長袖、大襟、肥腰，尤其是右衽長裙、束腰和毛皮材質最為突出，而這僅僅是服裝部分，帽子、靴子、髮飾、腰飾、珮飾、胸飾類型更加令人眼花繚亂，按性別和年齡的不同，有著嚴格的區分。總之，藏族服飾是一個色彩斑斕、絢麗奪目的世界。

海拔四千七百米的改則縣位於藏北高原腹地，這裡曾經是象雄王朝和古格王朝故地，兩個王朝都在藏地歷史上留下過輝煌和燦爛的文明，卻又神祕地消失了。兩個王朝的歷史發展軌跡至今依然是一個引人入勝的巨大謎團。

今天的改則縣有三個部落，其中森郭是原住居民，有著古老的部落文化傳統，森郭服飾就是其中之一。因高原地區寒冷，早晚溫差大，森郭部落的牧民早先用羊皮製成長袍來禦寒，後因部落女王森姜卓姆升天時穿一襲帶有一對彩虹一樣鮮豔翅膀的長裙，後經演變，形成色彩鮮豔的森郭服飾，至今已有一千多年的歷史。

五十八歲的索朗白吉生活在距縣城四十多公里外的麻米鄉古昌村，這裡是森郭服飾的起源地。索朗白吉是製作森郭服飾的傳承人。她告訴自己的孩子們：「我們生長的地方曾經只有七戶人家，這裡離天很近，我們唱歌跳舞，生活很快樂。」

從來沒有離開過家鄉的索南白吉，現在跟大女兒才且卓瑪一家生活在一起，被授予非遺傳人稱號之後，索南白吉決定給在昆明讀大學的小

| 索朗白吉是製作森郭服飾的傳承人

| 索南白吉決定為遠在昆明唸書的小女兒做一套真正的改則服飾

女兒倉覺做一套真正的改則服飾，雖然她遠在雲南的昆明唸書，畢業以後也不知道會不會回到家鄉。「這是她自己的選擇，她想留在那裡也可以，但是要讓她記住家鄉，穿上一身屬於家鄉的服裝。」

「我什麼時候才能見到姑姑啊？」孫女曲珍問。

「等衣服做好了，就能見到姑姑了。」

小姑娘不知道，做一套傳統的改則服飾是一個漫長的過程。為此，才旦卓瑪也來幫忙，她為倉覺妹妹感到驕傲。

「她應該還沒有談戀愛吧，她還是個學生。」她希望妹妹能好好唸書，以後留在大城市，做個有出息的人。

以動物毛皮為主要材料的改則服飾能適應藏北高原嚴寒的天氣，綴著白色絨毛的筒狀皮帽則更顯少女的甜美和俏皮。衣服上一定要綴有紅、黑、藍、青、綠這五種顏色的布料，五色代表彩虹，也是藏族人心目中的仙女。卓姆王妃就是穿著這樣的服飾升天的，熱愛王妃的改則人都以穿這樣的服飾為榮。

「美麗的姑娘在嶺國，她往前一步能值百匹駿馬，她後退一步價值百頭肥羊。冬天她比太陽暖，夏天她比月亮涼，遍身芳香賽花朵，蜜蜂成群繞身旁。」在史詩《格薩爾王傳》裡，王妃的篇幅並不多，但作者為她不吝溢美之詞，可見她在藏區人民的心目中有著十分重要的地位。

衣服做好的那天，索南白吉沒有食言，她帶著孫女曲珍，先乘車到達了拉薩，然後從拉薩乘飛機去到昆明。

「原來飛機長這個樣子啊。」她倆都有些興奮，頭一次乘飛機竟然沒有絲毫的害怕和不適。

| 索南白吉的孫女特別開心，因為等衣服做好，她就要和奶奶一起去昆明看望姑姑了

　　終於見到倉覺時，倉覺是一身典型的城市姑娘的打扮。「媽媽，你們怎麼來了？」剛剛下課的倉覺還沒來得及放下手中的課本，看到媽媽和外甥女，又驚訝又開心。一聽媽媽為自己做了一套傳統的改則服飾專程送過來，倉覺迫不及待地穿上媽媽親手做的改則服裝。

　　祖孫三代在燈火繁華的都市，穿上如彩虹般美麗的傳統服飾，笑靨如花，古老森郭的色彩與圖案猶如一首古代的謠曲。「一定要延續我們的傳統，讓它一直留存下去。」

　　穿著媽媽親手製作的改則服裝的倉覺覺得自己一下子變成了高原上那個最美的姑娘。

改則服飾中綴著白色絨毛的皮帽更顯少女的甜美和俏皮

｜ 三位奶奶很很開心能將自己的美容秘方分享給大家

美容養顏的札達面膜

　　卓嘎、白瑪、曲珍是札達托林村為數不多的高齡高人，她們偶爾會聚
到村邊喝茶、說笑。她們是很多年的閨蜜，每天都會用自製化妝品塗臉。

　　阿里在旅遊者的心目中，不僅有神祕的古格王朝，還有大片的沉默
地守候著一個個遠古祕密的札達土林。那是一片受遠古造山運動影響，
湖底沉積的地層長期受流水切割，並逐漸風化剝蝕，從而形成的特殊地
貌。土林裡矗立著大片高低錯落、高達數十米，千姿百態的樹木狀土質
林木，而距今一百年前，這裡曾經建立過強盛一時的古格王朝，如今，
仍有殘垣斷壁在描述著當年的恢宏與不可一世。

札達托林村流傳著一種古老的美容秘方——普爾姆護膚膏。用一種名叫普爾姆的草,等草枯黃時採摘回來,加水反覆熬成紅褐色,用紗布過濾,形成紅褐色膏狀物,用時塗抹在臉上即可。村裡的白瑪曲珍、曲美卓嘎和次仁曲珍三位老奶奶都很擅長製作這種傳統、天然的護膚品。雖然這種護膚膏塗抹在臉上時黑亮亮的,有些奇怪,但是,往臉上涂普爾姆是札達人祖祖輩輩的習慣,夏天防曬冬天防風。奶奶們從小就用普爾姆來防曬,從來就沒有被高原的陽光灼傷過。

現在,來札達旅遊的外地人越來越多,三位老奶奶合計著是不是可以將普爾姆護膚膏推廣出去,讓更多的人能了解這種古老、天然的護膚品。

「城裡人都講美白水嫩,白得像公主一樣好看。」奶奶們笑起來,滿臉都是皺紋,牙也都掉得只剩一兩顆,但是笑容卻十分有感染力。

「現在來札達的遊客那麼多,給他們每個人都塗上普爾姆,都像公主和王子,美白漂亮了就都有好姻緣,多好啊。」三個奶奶中年齡最大的卓嘎奶奶提議,「然後每個人收五元錢,不,佛祖,我錯了,不該收錢的。」接著她雙手合十向佛祖謝罪。她的提議得到了其他兩位奶奶的贊成,她們決定第二天就上山挖草藥。

「白瑪、曲珍,上山了,今天要採好多草。」一大早,卓瑪就拖著她那條膝蓋疼痛的腿,來找另外兩位奶奶一起上山。「八十多歲的我們開始創業。太陽那麼大,我們快熬成膏,明天去村口給他們塗上普爾姆。」三個人興致頗高地離開了家,坐上了一輛被她們稱作「會跑的沙發」的皮卡車。三位高齡奶奶一路少女般嘰嘰喳喳,就像過節一樣高興。

下了車,三人開始上山去找普爾姆。「這條山路走了一輩子,石頭和草都認識我們了。我們都老了,石頭還沒有變。」奶奶們不禁有些感慨,

｜ 綿延數十公里的札達土林猶如神工鬼斧、天工萬象

｜ 三位老奶奶在山頂採草、回憶往昔

卓瑪奶奶更是膝蓋疼得不能彎，只能直著腿彎腰去採草，但她還是採了好多，嘴裡還不停地唱著歌。「看著卓瑪拉啊，想著王子啊。」很快半個山坡的普爾姆草都被採光了。

坐在山頂休息的時候，三位老人喝著酥油茶、吃著糌粑、暢談過去的往事。「以前窮啊，五年才能換一次新衣服，但是心情特別好，那時候有好多高興的事啊。每天的心情像天一樣晴朗，總在不停地唱歌。給去世的人唱送別的歌，播種的時候給青稞唱歌，豐收的時候給土地唱歌。現在呢，空氣不好了，還要戴口罩、防曬，人都不能笑了。」

另一位奶奶說：「活到現在真不容易啊，這輩人就剩我們三個了。我們今年八十五了，要把好東西留給後人。草藥又不需要花錢，今年採了，明年長。我們死了，草還照樣長。這是多麼好的美容防曬的東西，買的防曬油好幾十一盒，城裡人真是又時髦又浪費。」

另一位奶奶接著說：「所以，我們三個人要團結起來，把普爾姆塗到更多人的臉上，皮膚好，人就會特別幸福。」三位老奶奶笑得像花兒一樣。

「乾杯，為美麗的自己。」

她們舉起了手裡的酥油茶杯。笑聲在山頂迴蕩。

回到村裡，奶奶們架起爐灶開始熬製藥膏。用牛糞燒火，水開之後開始煮普爾姆，然後，反覆熬煮，最後過濾。對於如何熬製普爾姆，三位老奶奶有爭執、有分歧，但最終還是一起地完成了普爾姆熬製的第一步。第二天，三人把大鍋換成小鍋接著熬，終於熬得一小碗黑黝黝的藥膏。

轉天，公路邊立起了一個巨大的廣告牌，正中是奶奶開懷大笑的臉部特寫，上面寫有「高原美容秘方」幾個醒目的大字。廣告牌前的三位

｜ 老奶奶把護膚膏抹在大家臉上，和大家分享自己的美容心得

奶奶，互相給對方塗抹普爾姆，她們要用切身的經驗廣而告之——美麗
的我們，就是用普爾姆保持容顏的。

公路上車來車往，有外地來的建築工人，有遊客，有路過的本地
人，男人們將信將疑地讓老奶奶們把不知名的藥膏抹在臉上，但女人們
都有些避之不及。終於，有一對徒步旅行的小情侶，遲疑著，走出了一
段又返回來，讓奶奶們把黑亮亮的藥膏抹在他們的臉上，然後看著自己
的樣子哈哈大笑。每個人都頂著一張黑臉。奶奶的笑容更燦爛了。

｜ 奶奶們從小就用普爾姆來防曬，從來就沒有被高原的陽光灼傷過

格拉丹東腳下迪迪一家

迪迪家的喜事

　　各拉丹東雪山終年漫長的寒冷、冰雪和無盡的白色，這裡溶化的每一滴水，都將匯流成那條著名的河流——長江，迪迪一家就生活在這裡。

　　「我們一家三代都住在這裡，所有的福報都在這座山，這座神聖的山叫那曲安」，迪迪在冰川下煨桑、唸經，一縷青煙在巨大的冰川中升起。

　　三十年前，劃分牧場時，迪迪的岳父母選擇冰川腳下的這片土地，因為這裡氣候乾燥，有一片冬季也不會結冰的牧場，對於牧民來說，意味著可以定居下來，不用因為季節的變化不斷地轉場，但鄰居們都陸續搬離了這裡。如今，當年的上門女婿迪迪已經成為了一家之主，他的大

女兒已經嫁人了，二兒子在拉薩打工準備繼續考大學，三兒子扎西娶了漂亮的卓瑪，小兩口感情特別好。四兒子在安多縣上中學，小兒子則以放牧為主。

再過一個多月，這個家庭就要迎來一個新的生命——迪迪的三兒子扎西和卓瑪的第一個孩子。全家人都沉浸在迎接新生命的喜悅中。扎西對卓瑪更是關懷備至，時不時就會問卓瑪累不累？腰痛不痛？把手放在卓瑪的肚子上感受孩子的活力。

卓瑪希望自己能生一個女兒，這樣女兒長大了可以幫她分擔一些家務，而扎西則希望有一群健康的男孩，「每一個都要讀書，上大學。等他們學會了本事才能幫我們做更多的事，這樣，等我們老了，就可以享他們的福了。」扎西撫摸著妻子高高隆起的肚子，憧憬著未來美好的生活。

但是扎西和卓瑪不得不面對一點點小麻煩，起因是卓瑪的產檢結果。醫生說，可以看到孩子的頭、嘴唇，還有可愛的小屁股，但是孩子的臍帶有點小問題。這讓已經懷孕八個月的卓瑪有些忐忑。全家人也為此有些不安。

於是，他們去寺廟裡。殿內喇嘛們正在唸經，迪迪三人站在喇嘛身後默默的聽著經，許久，三人開始在殿內順時針朝拜。之後，卓瑪獨自一人跪到佛像前，兩旁的喇嘛一邊唸經一邊往她身上撒青稞，為她祈福。祈福結束後，迪迪帶著兒子兒媳去寺外一邊誦經，一邊撥動圍繞寺廟的轉經筒。然後又帶著兒子兒媳去措那湖邊，圍繞著湖邊白塔一圈一圈的轉。請求聖湖給予他們福報，保佑孩子健康出生。

藏曆大年初一那天，沒有風，太陽特別的暖和，卓瑪要生產了。

大家聽從醫生的建議，送卓瑪去醫院待產。而迪迪留守雪山下的家

｜ 迪迪去神山煨桑，希望神山能保佑兒媳婦生下一個健康的孫子

中，帶著兩個孫子和一個孫女去了各拉丹東雪山祈福。雖然三兒媳不在山裡生產，但是迪迪還是希望神山能保佑兒媳給自己生下一個健康的孫子。

　　卓瑪在醫院生下一名健康的女嬰。一個長相酷似她的父親扎西的漂亮女孩。他們按照藏族的傳統，請來上師給孩子取名字，「這是各拉丹東賜給你們的孩子，各拉丹東是安東地區最神聖的山啊，就叫梅朵卓瑪吧，她是『雪山的女兒』。」

　　一家人圍繞在新生兒──梅朵卓瑪的身邊，看著襁褓裡孩子純真可愛的面容，特別開心滿足。

　　女兒的到來，讓扎西從此有了自己完整的家庭，按照傳統，他也將正式從迪迪家庭中分出去開始獨立生活。

　　各拉丹東雪山下的家庭正在延續。

| 卓瑪希望自己能生一個女兒

《極地》紀錄片主創團隊

出 品 人	張爽　任賾　李旎
總 顧 問	胡振民　覃志剛　連輯
總 策 劃	王玉祥　趙大新
總 制 片	張爽　胡小鹿　杜興
總 監 制	王鐵志　賈巨川　栗政軍　馬小健　王洪川　呂長河
	張雅欣　陳加偉　王福州
聯合監製	張雪麗　李華　何發兵　袁雲龍　洪兵　唐矛　李仕勇
配 音	楊爍
監 制	曾海若
導 演	程工

執行監製	戴嬈　覃曉春　涂波　王俊　王恆壯　張聖晏　姜瑞娟
制 片 人	胡嗎個　侯永哲
顧 問	莫福山　鮑棟　賀中　胡斌　武毅　祁進玉　陳虹　梅莉
第一副導演	張禕
分組導演	王兆豐　王岩
前期調研	高曉濤
製片主任	王飛
攝影指導	孫宇陽
分組攝影	楊達榮　邱凱顯　王寶　劉俊超　田玉勁
延時攝影	西藏俊子　王源宗
攝影助理	朱漢森　李孝通　鐘逸人
錄 音 師	陳松莊　陳松濤

後期導演	蘇燦書
剪輯指導	任長箴

剪　　輯	張禕　蘇燦書
剪輯組	朱元鉑　陳晨　李慧超　曲致翰　鄭重　戢航　劉怡
	李君　柴俞
後期統籌	包一涵　余梅
旁　　白	任長箴　張禕　高曉濤
錄音旁白	曹睿　陳乃鑫
調色師	鐘曉波
技術支持	陳中鵬
音樂總監	孫沛
音頻製作	魏志強
執行製片	楊鈞奧　劉大明　聶文
制片組	張宇　張予　秦麗香　敖祥威　馬冰冰　王飛　王超
校　　審	鄺佳
品牌組	全威　何康　李暢然　余雅賢　唐春莉　孫琳

出　　品	北京天成嘉華文化傳媒有限公司
	北京五星傳奇文化傳媒股份有限公司

聯合攝製/出品機構

貴陽市人民政府	嗶哩嗶哩
中國非物質文化遺產保護中心	啊樹文化傳播有限公司
北京天成嘉華文化傳媒有限公司	中國華夏文化遺產基金會
貴州天彩民族文化發展有限公司	北京五星傳奇文化傳媒股份有限公司

鳴謝

中共西藏自治區委員會宣傳部　　貴陽市開陽縣人民政府
中國民族文化資源庫　　　　　　貴陽市貴山基金管理有限公司
貴陽市民族宗教事務委員會　　　貴陽市旅遊文化產業投資集團有限公司
貴陽市文化新聞出版廣電局　　　四川文強戶外運動有限公司
貴陽市旅遊產業發展委員會　　　（香港）無極國際有限公司
貴陽市觀山湖區人民政府　　　　九龍藏區天鄉原生態茶葉有限公司

獨家網絡首播平臺	樂視視頻	
獨家彈幕首播平臺	嗶哩嗶哩	bilibili
互聯網電視獨占播映	樂視超級電視	

新浪微博：@紀錄片極地
微信公眾號：紀錄片極地

昌明文庫・悅讀中國　A0607008

極地

主　　編	五星傳奇、趙敔	
版權策畫	李煥芹	

發 行 人　陳滿銘

總 經 理　梁錦興

總 編 輯　陳滿銘

副總編輯　張晏瑞

編 輯 所　萬卷樓圖書股份有限公司

排　　版　菩薩蠻數位文化有限公司

印　　刷　維中科技有限公司

封面設計　菩薩蠻數位文化有限公司

出　　版　昌明文化有限公司

桃園市龜山區中原街 32 號

電話　(02)23216565

發　　行　萬卷樓圖書股份有限公司

臺北市羅斯福路二段 41 號 6 樓之 3

電話　(02)23216565

傳真　(02)23218698

電郵　SERVICE@WANJUAN.COM.TW

大陸經銷

廈門外圖臺灣書店有限公司

電郵　JKB188@188.COM

ISBN 978-986-496-440-6

2019 年 3 月初版

定價：新臺幣 320 元

如何購買本書：

1. 轉帳購書，請透過以下帳戶

合作金庫銀行 古亭分行

戶名：萬卷樓圖書股份有限公司

帳號：0877717092596

2. 網路購書，請透過萬卷樓網站

網址 WWW.WANJUAN.COM.TW

大量購書，請直接聯繫我們，將有專人為您

服務。客服：(02)23216565 分機 610

如有缺頁、破損或裝訂錯誤，請寄回更換

版權所有・翻印必究

Copyright©2019 by WanJuanLou Books CO., Ltd.

All Right Reserved　　　　　　Printed in Taiwan

國家圖書館出版品預行編目資料

極地 / 五星傳奇、趙敔主編. -- 初版. -- 桃園

市：昌明文化出版；臺北市：萬卷樓發行,

2019.03

　面；　　公分

ISBN 978-986-496-440-6(平裝)

1.概況 2.人物志 3.西藏自治區

676.6　　　　　　　　　　　　　108003128

本著作物由五洲傳播出版社授權大龍樹（廈門）文化傳媒有限公司和萬卷樓圖書股份
有限公司（臺灣）共同出版、發行中文繁體字版版權。

本書為金門大學產學合作成果。　　　　　　校對：陳羚婷／華語文學系四年級